Guido Erbrich:
Was du als Ministrant wissen musst
Liturgie & Kirchenjahr kompakt

W0084673

Guido Erbrich

Was du als Ministrant wissen musst

Liturgie & Kirchenjahr kompakt

benno

Bibliografische Information der Deutschen Nationalbibliothek
Die Deutsche Nationalbibliothek verzeichnet diese Publikation
in der Deutschen Nationalbibliografie; detaillierte bibliografische Daten
sind im Internet über http://dnb.d-nb.de abrufbar.

Besuchen Sie uns im Internet:
www.st-benno.de

Gern informieren wir Sie unverbindlich und aktuell auch in unserem
Newsletter zum Verlagsprogramm, zu Neuerscheinungen und Aktionen.
Einfach anmelden unter www.st-benno.de

ISBN 978-3-7462-5234-6

© St. Benno Verlag GmbH, Leipzig
Umschlaggestaltung: Rungwerth Design, Düsseldorf
Umschlagmotiv: © Tobias Sattler, Referat Ministrantenpastoral, Bistum
Mainz; Umschlagklappe, Porträtfoto des Autors: © Rafael Ledschbor
Gesamtherstellung: Kontext, Lemsel (A)

Inhalt

Durch die Zeit

Die Geschichte der Ministranten
mit einigen Überraschungen

Ministranten gibt es seit fast 2000 Jahren.

Das Wort M*inistrant* hat die gleiche Herkunft wie das Wort Minister. Es stammt vom lateinischen Wort *ministrare* ab und bedeutet dienen.

Ministranten dienen im Gottesdienst, sie helfen dem Priester, übernehmen Aufgaben für die versammelte Gemeinde und sie dienen Gott, für und mit dem der Gottesdienst gefeiert wird. Ministranten haben eine Geschichte hinter sich, die fast so alt ist, wie die Kirche, also 2000 Jahre.

1. Überraschung:

Die ersten Messdiener sind schon im Neuen Testament zu finden.

Dort schreibt Paulus im Brief an die Korinther:

Wenn ihr zusammenkommt, trägt jeder etwas bei: einer einen Psalm, ein anderer eine Lehre, der dritte eine Offenbarung; einer redet in Zungen, ein anderer deutet es. Alles geschehe so, dass es aufbaut (1 Kor 14,26b).

Eine schöne Idee! Jeder trägt zum Gottesdienst das bei, was er kann, und dient Gott auf diese Weise.

Getroffen haben sich die Gemeinden am Sonntag und schon im zweiten und dritten Jahrhundert hatten sich verschiedene Dienste für den Gottesdienst entwickelt. Dazu gehörte der Dienst der Altardiener, auch Akolythen genannt. Sie brachten die Gaben zum Altar und halfen bei der Eucharistiefeier. Da hätte man sie eigentlich auch schon Ministranten nennen können.

2. Überraschung:

Ministranten haben ihren eigenen Schutzpatron: den heiligen Tarsitius.

Der Überlieferung nach war Tarsitius wahrscheinlich Akolyth und lebte im 3. Jahrhundert in Rom. Der römische Bischof Damasus berichtet, dass er als 15-Jähriger getötet wurde, als er sich weigerte, rumpöbelnden Römern auf der Straße das eucharistische Brot zu geben. Möglicherweise wollte er die Kommunion zu den Kranken der Gemeinde oder zu Gefangenen bringen. Damasus schreibt nichts über die Todesart, aber der Vergleich mit dem Tod des hl. Stephanus deutet darauf hin, dass Tarsitius mit einem Stein erschlagen wurde.

Das lässt sich heute natürlich nicht mehr kriminaltechnisch überprüfen. Ob Tarsitius während der Christenverfolgungen, die die Kaiser Decius und Valerian anstifteten, oder aufgrund eines hinterhältigen Überfalls getötet wurde, ist unbekannt. Auf jeden Fall ist er ein Märtyrer, also jemand, der seinen Glauben mit dem Leben bezahlte. Sein Grab befindet sich in der Calixtus-Katakombe in Rom. Dargestellt wird er mit Palme, Steinen und Hostie. Und weil Tarsitius im Dienst für seine Gemeinde starb, gilt er als Schutzpatron der Ministranten. Sein Gedenktag ist am 15. August.

3. Überraschung:

Die Germanen erfinden die Ministranten als „Berufs-stand".

Richtig wichtig wurden die Akolythen im 6. bis 8. Jahrhundert, und schuld daran sind die alten Germanen. Sie stellten sich die Frage: Wie werden wir errettet, oder anders gefragt: Wie gelangen wir in den Himmel? Am sichersten war diese Rettung, so glaubten sie, durch die Mitfeier der heiligen Messe. Bisher hatten die Gemeinden sich nur sonntags versammelt, nun fanden Gottesdienste auch an Werktagen statt. Das passierte in großen Kirchen sogar gleichzeitig an mehreren Altären. In alten Kirchen findet man aus diesem Grund auch heute noch viele Nebenaltäre.

Ab dem 8. Jahrhundert war es für Priester üblich, täglich Gottesdienst zu feiern. Oft standen sie allein am Altar, denn die meisten Gläubigen konnten nicht an so vielen Gottesdiensten mitten in der Woche teilnehmen. Also vertraten die Messdiener in der Feier das Volk. Im 9. Jahrhundert war die Anwesenheit mindestens eines Ministranten sogar vorgeschrieben!

4. Überraschung:

Ministranten und Priester waren oft die Einzigen, die die Messe verstanden.

In dieser Zeit wurde noch mehr geändert. Die meisten Dienste, die es in der frühen Kirche gab, wurden abgeschafft. Was eigentlich schade war. Auch machte die lateinische Sprache den meisten Menschen, die ja gar kein Latein konnten, im Gottesdienst das Mitbeten unmöglich. Nun beteten die Messdiener stellvertretend für alle die lateinischen Antworten auf die Rufe des Priesters.

In vielen Kirchen passierte auch baulich eine Trennung. Der Chorraum, wo die Kleriker saßen, wurde Herrenkirche genannt. Die restliche Gemeinde, die „Laien", saß in der sogenannten Leutekirche. Vorne feierten Priester und Messdiener die Messe. Hinten, oft sogar durch eine Chorschranke getrennt, betete die Gemeinde im Gottesdienst. Diese Trennung von Priestern und Laien im Gottesdienst führte dazu, dass die meisten Christen im Gottesdienst nur noch passiv beteiligt waren. Einzig die Altardiener blieben die aktiv Mitfeiernden.

5. Überraschung:

Ministranten waren Kleriker.
Für die Messdiener gab es eine besondere Ausbil-
dung. Die Jungen (Mädchen durften damals noch
nicht ministrieren) wurden in Chorschulen aufgenommen und auf den Dienst in der Messe vorbereitet. Dort konnten sie Rechnen, Schreiben und Latein
lernen und wurden in die Liturgie eingeführt.

Für viele dieser Chorknaben war der Weg, Priester
zu werden, damit vorgezeichnet. Die Jungen wurden
bereits als Kinder auf die Priesterweihe vorbereitet.
Und so kam es, dass Ministranten schon früh in den
Klerikerstand aufgenommen wurden. Priestermangel
gab es keinen. Mädchen durften damals nicht ministrieren, weil der Dienst in der Messe der erste Schritt
zum Priestertum war. Somit stellte sich die Frage
nach Mädchen am Altar überhaupt nicht.

6. Überra-
schung:

**Viele Jahrhunderte
wusste die Kirche
nicht, was Ministranten sind,
die nicht Priester werden wollen.**
Was war nun aber mit den Messdienern,
die nicht Priester werden wolltten? Eine
spannende Frage, die jahrhundertelang

nicht geklärt wurde. Das Konzil von Trient in der Mitte des 16. Jahrhunderts behandelte das Thema, ohne zu einem richtigen Ergebnis zu kommen. Sogar das Kirchenrecht drückte sich um eine Entscheidung und ließ diese Frage offen.

Im Jahr 1585 legte die Synode von Aix fest, dass der Bischof eine schriftliche Erlaubnis geben musste, wenn ein Laie, also ein Nichtkleriker, am Altar ministrieren wollte.

So richtig geklärt war die Frage damit nicht. Denn in der Praxis gab es natürlich vielerorts Messdiener, die weder auf Domschulen gingen noch Kleriker werden wollten. Außerdem konnte man nicht einfach den Bischof anrufen und fragen. Also gab es diese Messdiener einfach, und höchstwahrscheinlich machten sie ihre Sache genauso gut oder schlecht wie alle anderen.

Erst 1947 sprach Papst Pius XII. erstmals offiziell von Ministranten, die sich nicht im Klerikerstand befanden. Damit hat jeder Jugendliche und jedes Kind auch offiziell Zugang zu diesem außergewöhnlichen und schönen Dienst.

7. Überraschung:

Den Ministrantendienst, wie wir ihn heute kennen, gibt es noch nicht lange.

Das Zweite Vatikanische Konzil, das von 1962–65 in Rom stattfand, änderte vieles im Gottesdienst, was uns heute normal vorkommt. Die Messe wird seitdem in der jeweiligen Landessprache gefeiert statt in Latein. Und der Priester feiert nun zusammen mit der Gemeinde um den Altar herum, statt mit dem Rücken zum Volk zu stehen. Dafür wurden verschiedene Dienste und Rollen für die Gottesdienstfeier wieder neu geschaffen. Auch die Form des Ministrantendienstes wurde neu festgelegt. Ministranten sind heute keine Stellvertreter der Gemeinde mehr, sie gehören wie alle zum feiernden Volk Gottes. Mit ihrem Dienst helfen sie in den verschiedensten Gottesdiensten und natürlich dürfen heute Mädchen und Jungen, Frauen und Männer ministrieren. Auch das war jahrhundertelang undenkbar.

Ein Konzil ist eine große Versammlung von Bischöfen, Kardinälen, Theologen und dem Papst, die entscheiden kann, was in der Kirche gemacht wird. Konzilien finden ziemlich selten statt.

Das 2. Vatikanische Konzil wurde von Papst Johannes XXIII. einberufen. Als ihn Kardinäle fragten, ob dies überhaupt nötig sei, öffnete er das Fenster und sagte: „Natürlich, um Luft hereinzulassen. Denn auch die Kirche braucht ab und zu frischen Wind." Und da sind die Ministrantinnen und Ministranten natürlich mitten drin.

8. Überraschung:

Ministrantinnen eroberten sich eine „Jungendomäne".
Seit ungefähr 1970 gibt es auch Ministrantinnen. Zuerst stritt man sich darüber, ob das für Mädchen überhaupt erlaubt sei, und in vielen Orten gab es lange Diskussionen darüber. Natürlich machten die Mädchen den Altardienst von Anfang an genauso gut wie die Jungen.

1992 stellte auch Papst Johannes Paul II. klar, dass Mädchen ministrieren dürfen. Bei ihm wie jetzt auch bei Papst Franziskus verrichten heute Mädchen und Frauen den Dienst mit am Altar. Nach über 1000 Jahren Trennung zwischen „Geistlichen und Laien" wird durch den Dienst von Mädchen und Jungen, Frauen und Männern als Ministranten, Lektoren, Kantoren und Kommunionhelfern wieder klar: Jeder feiert wirklich mit beim großen Fest des Herrn.

Promis und Ministranten

Millionen von Ministrantinnen und Ministranten gab und gibt es auf der ganzen Welt. Es geht nicht darum, besonders einzigartig zu sein. Wer den Dienst mit Freude macht, ist richtig. Aber natürlich sind auch einige Ministranten berühmt geworden, die heute noch gern von diesem Dienst erzählen und wissen, wie sie das Ministrieren als Christ und als Mensch geprägt hat.

Vielleicht hat es ihnen ja geholfen, sich schon als Kinder völlig selbstverständlich vor vielen Menschen zu bewegen, besondere Kleidung zu tragen und eine wichtige Aufgabe in einem Team gut zu erfüllen. So, dass man sich auf sie verlassen kann. Egal ob es eine heilige Messe, eine Hochzeit, Beerdigung oder der Häusersegen ist.

Dabei gibt es erstaunlich viele Fernsehleute, Künstler, Sportler und Politiker unter ihnen, sodass darüber schon ein Buch geschrieben wurde. Hier mal eine kleine Liste von berühmten Ministranten aus dem deutschsprachigen Raum:

Sportler: Boris Becker, Miroslav Klose, Jogi Löw, Thomas Müller, Konstanze Klosterhalfen

TV-Größen: Mario Barth, Reinhold Beckmann, Guido Cantz, Frank Elstner, Thomas Gottschalk, Günther Jauch, Hape Kerkeling, Claus Kleber, Markus Lanz, Jürgen von der Lippe, Dieter Nuhr, Gerhard Polt, Stefan Raab, Willi Weitzel, Anne Will

Politiker: Joschka Fischer, Helmut Kohl, Heiko Maas, Andrea Nahles

Musiker: Madonna, Xavier Naidoo

Übrigens: Das so wenige Frauen dabei sind, liegt schlicht daran, dass Mädchen noch nicht so lange ministrieren dürfen wie die Jungs. Und es ändert sich langsam.

In Aktion

Ministranten im Gottesdienst

Ministranten sind bei verschiedenen Gottesdiensten, Andachten, der heiligen Messe, bei Segnungen, Taufen, Hochzeiten, Beerdigungen und vielem mehr aktiv. Am häufigsten natürlich beim Sonntagsgottesdienst mit Eucharistiefeier. Grund genug, sich diesen Gottesdienst genauer anzusehen.

Das Schöne ist: Er wird weltweit in der gleichen Weise gefeiert. Der Ablauf ist bis auf ein paar Kleinigkeiten auf allen Kontinenten gleich. Auch der Dienst der Ministranten ist international ähnlich, wenn auch die Kleiderordnung manchmal Unterschiede aufweist. Für den Gottesdienst gibt es einen Fahrplan. Denn wie bei einem richtigen Zug sind Gottesdienste Stationen auf dem Weg durch das Leben und durch die Welt. Egal, ob ein Gottesdienst mit zehn Leuten in einer kleinen Dorfkirche oder mit Hunderttausenden auf dem Petersplatz stattfindet, überall ist Gott in der gleichen Weise gegenwärtig. Und genauso ist das Ministrieren nicht besser oder wichtiger, wenn ein Bischof oder gar der Papst zu Gast ist, als zum „normalen" Sonntagsgottesdienst in der Heimatgemeinde. Das wissen der Papst und die Bischöfe auch, und so feiern sie die heilige Messe eigentlich nicht viel anders als jeder einfache Dorfpfarrer.

Fahrplan heilige Messe

Hier gibt es viele Akteure: Pfarrer, Lektor, Kantor, Ministranten. Eine Hauptrolle hat allerdings jeder, der am Gottesdienst teilnimmt. Denn es geht um jeden Einzelnen in der Welt und seine Beziehung zu Gott. Damit bin ich selbst bei jedem Gottesdienst mittendrin und feiere ihn mit vielen anderen, die alle auch eine Hauptrolle haben und zusammen die Gottesdienstgemeinde bilden.

Ministranten stehen mit am Altar und helfen bei der Liturgie. Sie haben weltweit fast überall das Gleiche zu tun. Oft gibt es örtliche Besonderheiten: zum Beispiel wie das Buch zu halten ist, wie oft geklingelt wird und wann und wo die Ministranten wie lange knien.

Wenn ihr also hier etwas beschrieben findet, was bei euch anders gemacht wird, muss es nicht heißen, dass das falsch ist. Es zeigt, wie vielfältig und bunt unsere Gottesdienste sein können.

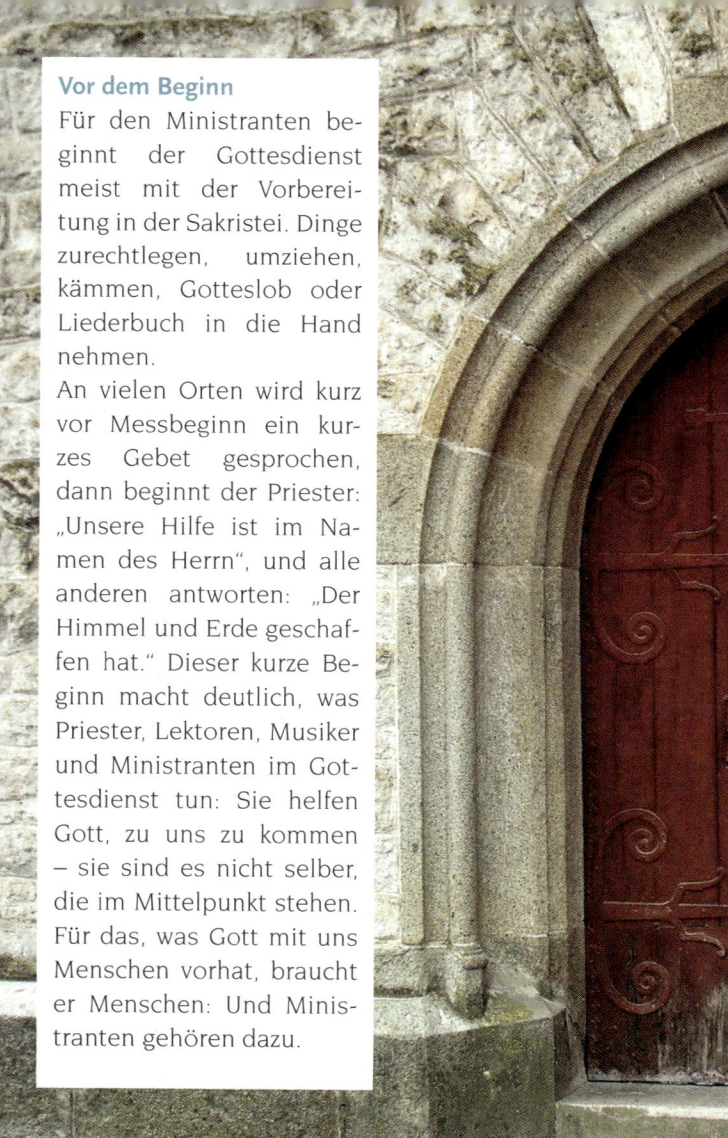

Vor dem Beginn

Für den Ministranten beginnt der Gottesdienst meist mit der Vorbereitung in der Sakristei. Dinge zurechtlegen, umziehen, kämmen, Gotteslob oder Liederbuch in die Hand nehmen.

An vielen Orten wird kurz vor Messbeginn ein kurzes Gebet gesprochen, dann beginnt der Priester: „Unsere Hilfe ist im Namen des Herrn", und alle anderen antworten: „Der Himmel und Erde geschaffen hat." Dieser kurze Beginn macht deutlich, was Priester, Lektoren, Musiker und Ministranten im Gottesdienst tun: Sie helfen Gott, zu uns zu kommen – sie sind es nicht selber, die im Mittelpunkt stehen. Für das, was Gott mit uns Menschen vorhat, braucht er Menschen: Und Ministranten gehören dazu.

Vater, wir möchten
diesen Gottesdienst mit dir feiern.
Wir bringen mit, was wir erlebt haben,
Schönes und Gutes,
aber auch Schlechtes und Unfertiges.
Wir haben Menschen getroffen,
Nachrichten gehört.
Deine Welt ist nicht nur schön.
Das alles wollen wir
mit in den Gottesdienst nehmen,
sei du bei uns und lass uns bei dir
sein.
Amen.

Vater, gleich feiern wir
die heilige Messe.
Schenke uns Ruhe,
damit wir zu dir finden.
Gib uns die Offenheit,
deine Stimme zu hören.
Öffne uns füreinander und für dich.
Schicke uns dann gestärkt in die Welt,
die deine Schöpfung ist
und die wir mit deiner Hilfe
verwandeln können.
Amen.

1. Teil: Es geht los

Ich komme, wie ich bin, zu dir.

Eröffnung/Kyrie/Schuldbekenntnis/Vergebung

Zu mir gehören meine Launen, Stärken, Schwächen und auch meine Schuld. Das alles bringe ich zum Gottesdienst mit. Ich weiß, dass ich versagt habe, und ich weiß, dass mir auch einiges gelungen ist. So bitte ich, dass Gott und die Brüder und Schwestern in der Gemeinde mir dort verzeihen, wo ich schuldig geworden bin. Als Teil der Gemeinde höre ich natürlich auch die Vergebungsbitte der anderen. Hier ist es gut, einen Schlussstrich unter manchen Streit zu setzen.

Gott nimmt uns an, wie wir sind, und vergibt uns. Und er ermuntert uns, es genauso zu tun.

Was haben die Ministranten zu tun?

Einzug – Kniebeuge – Tagesgebet (Buch)

Los geht's. In Kirchen, wo neben der Sakristei eine kleine Glocke hängt wird damit kurz der Gottesdienst eingeläutet – da weiß der Organist, dass er anfangen muss, das erste Lied zu spielen. Die Gemeinde steht zur Begrüßung auf und singt mit. Sind die Einziehenden, meist Priester, Lektoren, Ministranten, am Altar angekommen, machen alle gemeinsam eine Kniebeuge. Der Priester küsst den Altar, und alle begeben sich an ihre Plätze. Manchmal wird an dieser Stelle Weihrauch gebraucht. Erst zum Tagesgebet ist der Ministrant wieder dran, das Messbuch zu holen und dem Priester zu halten, wenn er das Tagesgebet spricht. Das Tagesgebet ist normalerweise nach dem Glorialied dran, außer im Advent und in der Fastenzeit – da wird kein Gloria gesungen, und das Tagesgebet kommt gleich nach der Schuldvergebung.

Tipp: Das Messbuch

Wenn der Priester sagt: „Lasset uns beten", und der Ministrant geht dann erst zum Messbuch, hätte er auch „Lasset uns blättern" sagen können. Besser ist es, kurz vorher loszugehen und das Buch schon in der Hand zu halten Wenn es dann heißt: „Lasset uns beten", die paar Schritte zum Priester und los geht's. Geblättert ist cann schon.

2. Teil: Die Geschichte Gottes mit uns Menschen wird erzählt

Wir hören dein Wort und antworten dir.

Erste Lesung/Psalm/zweite Lesung/Halleluja/Evangelium/Predigt/Credo/Fürbitten

Gott spricht zu uns in den Geschichten der Bibel. Unser Leben ist besser zu verstehen, wenn wir die Geschichten anderer Menschen hören. In der Bibel finden sich Geschichten von Liebe und Leid, Frieden und Krieg, Gemeinschaft und Einsamkeit. Wir Menschen suchen und finden Gott, und auch Gott sucht uns Menschen. Auch wenn wir heute „moderner" leben, die großen Fragen und Gefühle sind die gleichen geblieben. Das Wort Gottes erzählt also auch unsere Geschichte und die Geschichte unserer Welt.

In der Predigt wird dieses Wort ausgelegt und für heute erklärt. Im Glaubensbekenntnis bekennen wir unseren Glauben und bitten in den Fürbitten für die Anliegen dieser Welt. Das Credo und das vertrauende Bitten ist unsere Antwort auf Gottes Wort.

Was haben die Ministranten zu tun?

An manchen Orten werden zum Evangelium Kerzen gehalten, und bei besonderen Gottesdiensten wird mit Weihrauch das Evangeliar feierlich beschwenkt.

Tipp: *Credo* heißt: *Ich glaube.*

Das Credo gehört zu den wenigen Texten, die fast jeder Christ auswendig kann. *Credo* ist Latein und heißt übersetzt: *Ich glaube.* Streng genommen ist das Credo gar kein Gebet, sondern ein Bekenntnis. Darin findest du die wichtigsten Aussagen des katholischen Glaubens zusammengefasst. *Katholisch* ist ein griechisches Wort und heißt übersetzt *allgemein, allumfassend.* Das Wort katholisch im Credo meint nicht die römisch-katholische Konfession, sondern die allumfassende Kirche Christi. Es wird *Credo* genannt, weil es auf Latein mit diesem Wort beginnt: Credo in unum deo … (Ich glaube an den einen Gott).

3. Teil: Wie Jesus uns allen Kraft gibt

Wir werden gestärkt.

Eucharistiefeier: Gabenbereitung/Hochgebet/Vaterunser/Friedensgruß/Lamm Gottes/Kommunion

Gott kommt zu uns: still, geheimnisvoll und unaufdringlich. Wir erinnern uns an das Mahl vor Jesu Tod, wir danken und loben Gott und bitten für die Verstorbenen, die Kirche und die Welt. Dafür werden die Gaben bereitet und das Hochgebet gesprochen. Im Zentrum steht die Wandlung von Brot und Wein in Leib und Blut Jesu. Gemeinsam beten wir das Vaterunser. Uns allen wünschen wir den Frieden. Dieses Mahl ist Zeichen, Begegnung und Geheimnis zugleich, Gott kommt in Brot und Wein zu uns. Wir sind eingeladen zur Kommunion. Das feiern wir mit der ganzen Gemeinde.

Was haben die Ministranten zu tun?

Für die Ministranten gibt es jetzt viel zu tun. Zuerst müssen die Gaben geholt werden, dann wird der Altar gedeckt, der Priester nimmt die Gaben und bereitet sie vor. Dazu benötigt er Wein und Wasser. Zum Abschluss wäscht er sich die Hände.

Beim Hochgebet wird geklingelt. Dieser Brauch kommt noch aus der Zeit, als die Messe in lateinischer Sprache gehalten wurde und viele Leute nebenbei etwas anderes beteten. Es sollte klar sein, jetzt passiert das Entscheidende: die Wandlung von Brot und Wein in Leib und Blut Christi.

In vielen Gemeinden bekommen die Ministranten am Altar als Erstes die Kommunion. Das ist schon etwas Besonderes!

Nach der Kommunion werden Kelch und Hostienschale gereinigt (purifiziert) und der Altar abgeräumt. Zum Dankgebet benötigt der Priester wieder das Messbuch.

Tipp: Das Klingeln – Ohren auf!

Das Klingeln kommt aus einer Zeit, in der der Gottesdienst noch in Latein gefeiert wurde. Damit die Gemeinde, die oft kein Latein konnte, überhaupt merkte, dass der Höhepunkt des Gottesdienstes – die Wandlung – passiert, wurde geläutet. Auch heute, wo jeder den Gottesdienst verstehen kann, gibt es noch diesen schönen Brauch. Klingeln ist ein besonderer Ton im Kirchenraum. Stelle bitte die Klingel nicht ab, wenn sie noch klingt, sondern warte, bis der letzte Ton wirklich verklungen ist. Meist vermeint man ihn viel länger zu hören, als er wirklich da ist. Der langsam verschwindende Ton ist ein schönes Zeichen für die Gegenwart und Verborgenheit Gottes.

Tipp: Wenn dir schlecht wird

Manchmal wird Ministranten vom langen Knien oder Stehen schlecht. Das passiert oft beim Hochgebet. Du musst dich hier nicht quälen. Stehe einfach auf, gehe andächtig zur Sakristei und setz dich erst einmal hin. Oder gehe an die frische Luft. Wenn ihr mehrere Ministranten seid, geht zu zweit. Wenn es dir wieder besser geht, komme ruhig wieder herein, mache eine Kniebeuge vor dem Altar und begib dich an deinen Platz.

4. Teil: Gestärkt geht es weiter

Wir gehen hinaus in alle Welt.

Vermeldungen/Segen/Schluss

Wir hören, was in unserer Gemeinde los sein wird, und werden für die kommende Zeit gesegnet. Gott hat uns gestärkt, und mit dieser Kraft gehen wir hinaus in unseren Alltag.

Was haben die Ministranten zu tun?

Mancherorts reichen Ministranten das Buch mit den Vermeldungen. Dann wird aus der Kirche ausgezogen, wieder mit Kniebeuge vor dem Altar und dann zurück in die Sakristei. In manchen Orten schließen die Priester und Ministranten in der Sakristei mit einem kurzen Gebet.

Das ist ein schöner Brauch, aber auch dort, wo es ihn

nicht gibt, geht der Dienst in anderer Form weiter. Denn wir gehen hinaus in die Welt und müssen als Christen im Alltag Farbe bekennen.

Sakristeigebete nach dem Gottesdienst

Vater, wir danken dir,
dass wir gemeinsam feiern konnten.
Sei bei uns,
damit wir in unserem Leben bezeugen,
dass du mitten unter uns bist.
Amen.

Vater, du warst in unserer Mitte,
du bist in unserer Mitte,
du bleibst in unserer Mitte.
Amen.

Jesu Einladung und unser Dank

Im gemeinsamen Mahl können wir etwas Wunderbares erleben: Jesus Christus ist mitten unter uns. Jesus hat uns versprochen, dass unsere Beziehung zu Gott durch ihn lebendig bleibt und dass wir in ihm diese Gemeinschaft erleben können.

Das Zeichen dafür sind Brot und Wein, die in der Wandlung zu Jesu Leib und Blut werden. Dies ist eines der größten Glaubensgeheimnisse, und es zu verstehen ist ehrlich gesagt nicht ganz leicht. Aber es sagt uns ganz klar: Gott kommt zu uns und ist mit uns. Wir sind nicht allein!

Dafür können wir alle dankbar sein. Deshalb heißt das gemeinsame Mahl auch „Feier der Eucharistie". Das ist Griechisch und heißt „Dank sagen". „Eucharisto" sagen auch die heutigen Griechen, so wie wir „Danke" sagen.

Der Moment, wo wir Brot und oft auch Wein miteinander teilen, heißt „Kommunion". Das kommt aus dem Lateinischen und heißt „Gemeinschaft". Es meint eine Gemeinschaft, in der Menschen miteinander und mit Gott dieses Mahl gemeinsam erleben und feiern.

Klar wird eines: Wir danken dafür, dass Gott uns so annimmt, wie wir sind, dass wir ihm zusammen mit „Schwestern und Brüdern" im Mahl begegnen können. Dann werden uns die Augen und Herzen aufgehen wie schon den Jüngern in Emmaus.

Dieses besondere Mahl gibt uns Kraft für das Leben. Gott ist ja nicht nur im Gottesdienst bei uns, sondern er ist immer da. Ob ich in der Schule, zu Hause oder auf dem Sportplatz bin. Ob ich mich allein fühle oder mit vielen gemeinsam etwas erlebe. Gott ist da, auch wenn ich ihn nicht immer bemerke.

Typisch Jesus: Gemeinsam Mahl halten

Es ist eine der schönsten biblischen Geschichten: Zwei Jünger gehen traurig von Jerusalem weg und wollen die Stadt schnell hinter sich lassen. Jesus ist am Kreuz gestorben. Sie sind voller Trauer, sodass sie Jesus nicht erkennen, der mit ihnen geht. Erst als beim gemeinsamen Essen Jesus das Brot bricht und den Wein mit ihnen teilt, gehen ihnen die Augen auf. Ihre Freude ist unbeschreiblich und sie ziehen mutig und voller Hoffnung zurück nach Jerusalem. Es ist schon erstaunlich: „Am Brotbrechen erkannten sie ihn."

Das gemeinsame Mahl ist das Kennzeichen Jesu: Er hält Mahl mit den Sündern wie Zachäus. Der kleine Zöllner sitzt auf einem Baum, um Jesus von Weitem zu beobachten, aber Jesus schaut ihn an und möchte mit ihm in seinem Haus essen. Alle staunen, denn Zachäus ist ja alles andere als ein gottesfürchtiger Mensch, sondern ein Betrüger, der andere übers Ohr

haut. Jesus bricht mit ihm das Brot, und Zachäus „verwandelt" sein Leben.

Als 5000 Menschen Jesus folgen, um seine Predigt zu hören, fordert er seine Jünger auf, ihnen zu essen zu geben. Die finden nur ein wenig Brot und ein paar Fische und sind sich sicher: „Das reicht nie." Aber das Wunder geschieht – es reicht für alle.

Schon mit seinem ersten Wunder erfreut er die Hochzeitsgesellschaft zu Kana. Dort ist der Wein alle, und Jesus verwandelt sechs Krüge mit Wasser in Wein.

Diese Geschichten und Wunder sind alles andere als Zauberei. Sie wollen uns etwas ganz deutlich zeigen: Jesus sorgt sich um das, was jeder Mensch zum Leben braucht: Essen und Trinken.

In keinem anderen Zeichen erkennen wir so deutlich, wie Gott für uns Menschen ist: lebensnotwendig!

Wie die ersten Christen anfingen, Eucharistie zu feiern

Die ersten Christen haben nach Ostern gemeinsam Mahl gehalten. Sie gingen am Sabbat in die Synagoge, und in ihren Häusern teilten sie am Sonntag miteinander Brot und Wein. Sie erinnerten sich an den Tod und die Auferstehung Jesu; sie legten ihr eigenes Leben und ihre Hoffnungen in die Hand Gottes.

Dieses Vertrauen haben sie von Jesus gelernt: Das Weizenkorn, das in die Erde gelegt wird, trägt hundertfach Frucht. Jesus hat es ihnen versprochen: Alle werden an der Tafel des Vaters erneut von der Frucht des Weinstocks trinken.

Brot und Wein

Vor 3800 Jahren entdeckten die alten Ägypter, dass sich Getreidebrei in Sauerteig verwandelt, wenn er gart. Dieser Teig lässt sich backen. Kein Wunder, dass das Brot fortan als Geschenk der Götter galt. Bald war es das wichtigste Grundnahrungsmittel. Die Menschen sorgen sich um ihr tägliches Brot. Im „Vaterunser" beten wir: „Unser täglich Brot gib uns heute." Wer kein Brot hat, leidet Hunger. Bis heute ist für viele Menschen ständiger Hunger eine traurige Wirklichkeit.

Ursprünglich brachten die Christen ganz normales Brot mit zur Mahlfeier. Später wurde es in besonderen Formen gebacken und mit einem Kreuz verziert. Seit dem Mittelalter ist der Leib Christi eine Oblate, damit keine Krümel bei der Austeilung verloren gehen. Sie besteht aus Weizenmehl und Wasser und erinnert an das ungesäuerte Matzenbrot, das in der Woche vor und beim jüdischen Passahmahl gegessen wird.

Schon über 8000 Jahre ist es her, dass die alten Georgier und Perser begannen, Wein anzubauen. Sehr schnell wurde er ein wichtiges Produkt für das tägliche Leben. Auch in der Bibel spielt der Wein eine große Rolle. Er ist Zeichen für die Lebensfreude. Ärzte verwenden ihn als Arznei. Jesus spricht von sich als dem Weinstock und von seinen Jüngern als den Reben. Er gibt den Jüngern Kraft und Mut. Wir Menschen spüren die Herrlichkeit der Schöpfung und die befreiende Kraft, die von Gott kommt. Beim jüdischen Passahmahl trinken die Erwachsenen vier Becher Wein, um an die Befreiung aus der Sklaverei in Ägypten zu erinnern. Kein Wunder, dass auch Jesus für die Befreiung von Tod und Sünde den Wein als Symbol für sein Blut, sein Leben, wählt.

Die Kirche

Der Ort, wo Gottesdienste
gefeiert werden

Gottesdienste können überall gefeiert werden, denn auch Gott ist an jedem Ort der Welt zu finden. Trotzdem gibt es besondere Orte, an denen die Menschen immer wieder zusammenkommen, um zu beten und zu feiern. Für Christen ist dies meist die Kirche. Grund genug, diesen Ort einmal genau unter die Lupe zu nehmen.

Altar

Der Altar ist der zentrale Ort einer Kirche. Um ihn versammelt sich die Gemeinde, um Gottesdienst zu feiern. Er wird mit Blumen und Kerzen geschmückt. In vielen Altären finden sich Reliquien von Heiligen.

Tabernakel

Tabernakel kommt aus dem Lateinischen und heißt *Zelt*. Seinen Namen hat er nach dem heiligen Zelt der Israeliten bekommen. Dort wurden die Gesetzestafeln aufbewahrt. In unseren Kirchen wird das Allerheiligste, der „Leib Christi", darin aufbewahrt. Der

Tabernakel ist aus massivem Material und mit einem Schlüssel verschließbar.

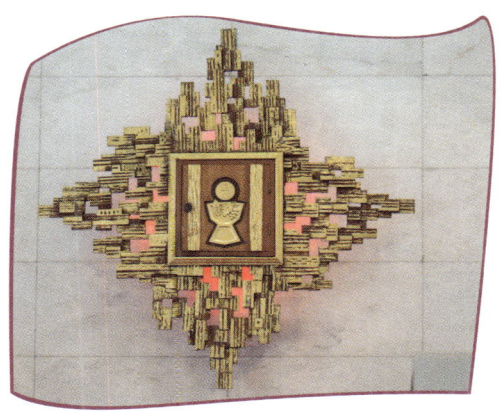

Ewiges Licht

Das ewige Licht ist immer in der Nähe des Tabernakels zu finden. Jesus „das Licht der Welt", ist in den konsekrierten Hostien gegenwärtig. Das Licht brennt fast das ganze Jahr hindurch. Nur in der Karwoche, genauer von Gründonnerstag bis zur Osternacht, wird es gelöscht. Im Unterschied zur Gegenwart Gottes, die wirklich ewig ist, muss am ewigen Licht auch mal die Glühbirne gewechselt werden.

Kreuz

Das Kreuz erinnert daran, dass Jesus für uns gestorben und auferstanden ist, und hängt meist zentral im Altarraum. Das Kreuz hatten die frühen Christen noch nicht. Sie kannten diese furchtbare Todesstrafe noch aus eigener Anschauung, und so zeigten sie oft das Bild vom guten Hirten. Künstler gestalten bis heute Kreuze in vielfältiger Weise. So können sie genauso Tod und Leid wie auch Sieg und Überwindung des Todes ausdrücken.

Ambo

Der Ambo ist der Ort, von dem aus die Heilige Schrift vorgelesen und in der Predigt ausgelegt wird. Das Evangeliar hat darauf Platz. Darin stehen die Evangelien, die nach einer bestimmten Leseordnung im Jahr vorgelesen werden. Vielerorts werden vom Ambo aus auch die Fürbitten vorgetragen.

Gabentischchen

Hier werden die Hostien eingelegt. Oft steht hier alles, was zur Gabenbereitung nach vorn gebracht wird. Häufig machen das die Ministranten; es gibt aber auch den Brauch, dass die Kinder die Gaben nach vorn bringen.

Beistelltischchen am Altar

Darauf wird für den Gottesdienst alles bereitgestellt. Auch die Dinge, die nichts auf dem Altar zu suchen haben oder dort nur kurz gebraucht werden, stehen hier. Es wird auch Kredenz genannt.

Taufbecken

Taufbecken stehen nicht in jeder Kirche. In vielen Kirchen werden Taufschüsseln benutzt, die für die Taufe aus der Sakristei geholt werden. Darin befindet sich geweihtes Wasser, mit dem getauft wird. Vielerorts werden die Becken vor jeder Taufe frisch gefüllt. In der Osternacht wird das Wasser gesegnet.

Weihwasserbecken

Die Weihwasserbecken an den Eingängen der Kirche sollen uns immer wieder an unsere eigene Taufe erinnern.

Osterkerze

Sie brennt als Zeichen für die Auferstehung zur Osterzeit sowie zu Taufen, Trauungen und Beerdigungen. In der Osternacht wird die Kerze am Osterfeuer entzündet und im Taufwasser geweiht. Meist ist sie mit einem Kreuz, der Jahreszahl, Alpha und Omega, den Zeichen für Anfang und Ende, verziert.

Sakristei

Hier können sich Priester, Lektoren und Ministranten vorbereiten und umziehen. Hier stehen auch die Schränke für Gewänder und wichtige Dinge für die Gottesdienste. Es lohnt sich, den Inhalt der Schränke zu kennen. Wenn im Gottesdienst etwas vergessen wird, werden meist Ministranten in die Sakristei geschickt, es dort zu holen.

Orgel und Instrumente

Musik gehört zum Gottesdienst wie das Amen in die Kirche. Damit die Gemeinde beim Singen den richtigen Ton trifft und alles gut klingt, werden Instrumente benutzt. Traditionell ist das die Orgel, aber auch alle anderen Instrumente haben im Gottesdienst Platz.

Kirchenbänke

Neben dem Platz zum Sitzen haben die Bänke meist eine Ablagemöglichkeit für Bücher, Haken für Taschen und Platz zum Knien.

Eingangsglocke

Sie hängt bei den meisten Sakristeitüren. Wenn der Gottesdienst beginnt, ist das Läuten der Glocke für die Gemeinde und Organisten das Zeichen: Jetzt geht es los.

War das schon alles?

Natürlich nicht, das war gerade mal das Wichtigste. In der Kirche gibt es noch viel mehr Orte und Dinge: Madonna, Heiligenfiguren, Kreuzweg, Beichtstuhl und und und …

Es lohnt sich, hier immer mal wieder auf Entdeckungstour zu gehen, denn die meisten Orte haben viel zu erzählen.

Gemeinsam
um den Altar

Wer noch beim Gottesdienst dabei ist

Gemeinde

Beim Gottesdienst kommen viele Menschen zusammen. Kleine, große, alte, junge. Manche freuen sich, wenn mal eine Band spielt und geklatscht wird, andere mögen es lieber etwas ruhiger. So bunt wie die Gemeinde sollten auch die Gottesdienste sein. Jede Generation hat das Recht, im Gottesdienst „zum Zug zu kommen", weil die Freude am Glauben dazugehört, denn wir feiern Eucharistie und das heißt „Dank sagen". Wenn sich jemand bei dir bedankt und dir bloß ein paar lustlose Worte sagt, ist das etwas anderes, als wenn einer dir begeistert um den Hals fällt. Im Gottesdienst dürfen wir ruhig auch Gefühle zeigen. Denn die Liebe, die Gott ist, ist keine langweilige Sache, sondern der Ursprung des Lebens selbst. Es gibt niemanden, nicht mal den Papst in Rom, der den Gottesdienst am besten und am richtigsten feiert. Es ist immer Jesus, der in unsere Mitte kommt. Er nimmt uns an, so wie wir sind. Da sollten wir so ehrlich sein, mit ihm auch so zu feiern, wie es uns gefällt. Die Gemeinde sind alle, die sich mit Jesus in der Mitte versammeln; ohne sie gibt es keinen Gottesdienst.

Zelebranten – Diakon, Priester, Pfarrer, Vikar, Kaplan, Bischof, Pater

Der Zelebrant im römisch-katholischen Gottesdienst ist immer ein Mann, der zum Diakon oder zum Priester geweiht ist. Ein Diakon leitet zwar keine ganze Eucharistiefeier, das bleibt den Priestern vorbehalten, aber auch er kann im Gottesdienst vieles tun. Diakone können verheiratet sein, Priester nicht. Wobei es hier Ausnahmen gibt. Priester der unierten Kirche, zum Beispiel in der Slowakei und der Ukraine, die auch zur römisch-katholischen Kirche gehören, dürfen heiraten. Es gibt auch manche evangelische Pastoren, die katholisch geworden sind, und wenn sie zum Priester geweiht werden, natürlich verheiratet bleiben. Über das Zölibat (die Verpflichtung der Priester zur Ehelosigkeit) und die Rolle von Frauen wird immer mal wieder diskutiert und solche Diskussionen machen unsere Kirche auch lebendig.

Als Ministranten werdet ihr das sicher mitbekommen. So wichtig manchmal so ein Streit ist, die Mitte unseres Glaubens steht dabei nicht auf dem Spiel.

Was ist eigentlich der Unterschied zwischen Priester, Pfarrer, Kaplan, Vikar, Pater, Bischof, Papst?

Zuerst die Gemeinsamkeit: Priester sind sie alle. Und zwar durch die Priesterweihe, die ein Sakrament ist. Der Pfarrer ist der „Herr der Pfarrei", also der Gemeindeleiter. Kaplan und Vikar sind Priester, die zwar viel in der Gemeinde tun können, aber – hier kommt der Unterschied – sie haben nicht den Hut auf. Sie unterstützen den Pfarrer. Ein Pater ist ein Geistlicher aus einem Orden, der auch die Priesterweihe hat. Es kann sein, dass ein Pater gleichzeitig Pfarrer ist. Bischof und Papst sind auch „bloß" Priester, aber sie haben wichtige Funktionen für die Kirche. Sie stehen Bistümern oder sogar der Weltkirche vor, können Priester weihen und haben die Autorität in Glaubensdingen. Manchmal müssen sie einen Streit entscheiden und heißen deswegen auch das „Lehramt". Bischöfe und Papst sind also verantwortlich für die richtige Lehre und Weitergabe des Glaubens. Und das ist manchmal gar nicht so leicht.

Dienste für Frauen und Männer

Alle anderen Dienste im Gottesdienst können von Frauen und Männern verrichtet werden. Der Hauptgrund dafür, dass das Priesteramt in der römisch-katholischen Kirche Männern vorbehalten ist, liegt darin, dass der Priester in der Feier der Eucharistie (und nur da!) Jesus repräsentiert. Und Jesus war ein Mann. Für alle anderen Ämter und Funktionen gilt dies nicht, auch wenn es in manchen Gegenden der Welt unüblich oder neu ist, das Frauen diese Dienste übernehmen. Es gibt keine theologischen Gründe, die dies verbieten.

Lektor

Frauen und Männer, die Lesungen und die Fürbitten vorlesen, werden Lektoren genannt.

Kommunionhelfer

Kommunionhelfer, das sagt schon der Name, teilen die Kommunion mit aus.

Kantor und Organist

Zu fast jedem Gottesdienst gehört die Musik, und ein wichtiger Dienst ist die musikalische Leitung und Begleitung. In der Bibel findet sich kein Hinweis darauf, dass das einzig richtige Instrument für den Gottesdienst die Orgel ist. Ihre Karriere begann sie als Zir-

kusinstrument bei den Römern. Erst als der Franken-
könig Pippin im Jahr 757 vom byzantinischen Kaiser
Konstantinos eine Orgel geschenkt bekam, begann
sie, sich die Kirchen zu erobern. Die Orgel ist zwar die
Königin der Instrumente, aber im Gottesdienst haben
auch andere Instrumente ihren Platz. Viele Kantoren
sind Multitalente, was das Spielen von Instrumenten
und das Leiten von Chören und Bands betrifft. „Wer
singt, betet doppelt", sagte schon der heilige Augus-
tinus, und oft ist es die Musik, über die Menschen
ihren Glauben ausdrücken können. Das kann und darf
genauso bunt sein wie die Gemeinde, die sich versammelt.

Küster / Messner / Sakristan

Es gibt verschiedene Namen für die gleichen Tätig-
keiten in Sakristei und Kirche. Die Küster bereiten
den Gottesdienst vor, legen die Gewänder und Bücher zurecht, haben den Durchblick in der Sakristei
und sind oft für die Ministranten zuständig. In großen
Kirchen und Domen können das Vollzeitjobs sein. In
den meisten Gemeinden wird diese wichtige Aufgabe
ehrenamtlich erfüllt. Viele haben ihre ersten Schritte
in der Sakristei als Ministranten gemacht.

Die Sakristei

Hier hat alles seinen Platz

Kleiderschrank – die Gewänder

Warum eigentlich Gewänder? – Ist Jesus so angezogen gewesen? Es ist eine weitverbreitete Meinung, dass die Gottesdienstkleidung angezogen wird, weil auch Jesus und seine Jünger in solcher Kleidung aufgetreten sind. So schön dies klingt – es ist leider falsch.

Die Gottesdienstkleidung stammt aus der Zeit, als das Christentum im Römischen Reich nicht mehr verfolgt wurde, sondern zur Staatsreligion wurde. Das ist zwar auch schon über 1650 Jahre her, hat aber mit der Bekleidung der Juden in Israel zur Zeit Jesu recht wenig zu tun. Für die Beamten im Römischen Reich gab es eine festgelegte Kleiderordnung, an die sich sogar der Kaiser halten musste. Die Priester und Bischöfe waren ab dieser Zeit römische Beamte, die sich ebenso nach dieser Regel richteten. Außerdem repräsentiert der Priester am Altar den höchsten Herrn: Christus. Und da war es klar, dass dies nur in den besten Gewändern geschehen konnte. Zur Kleiderordnung gehörten folgende Teile:

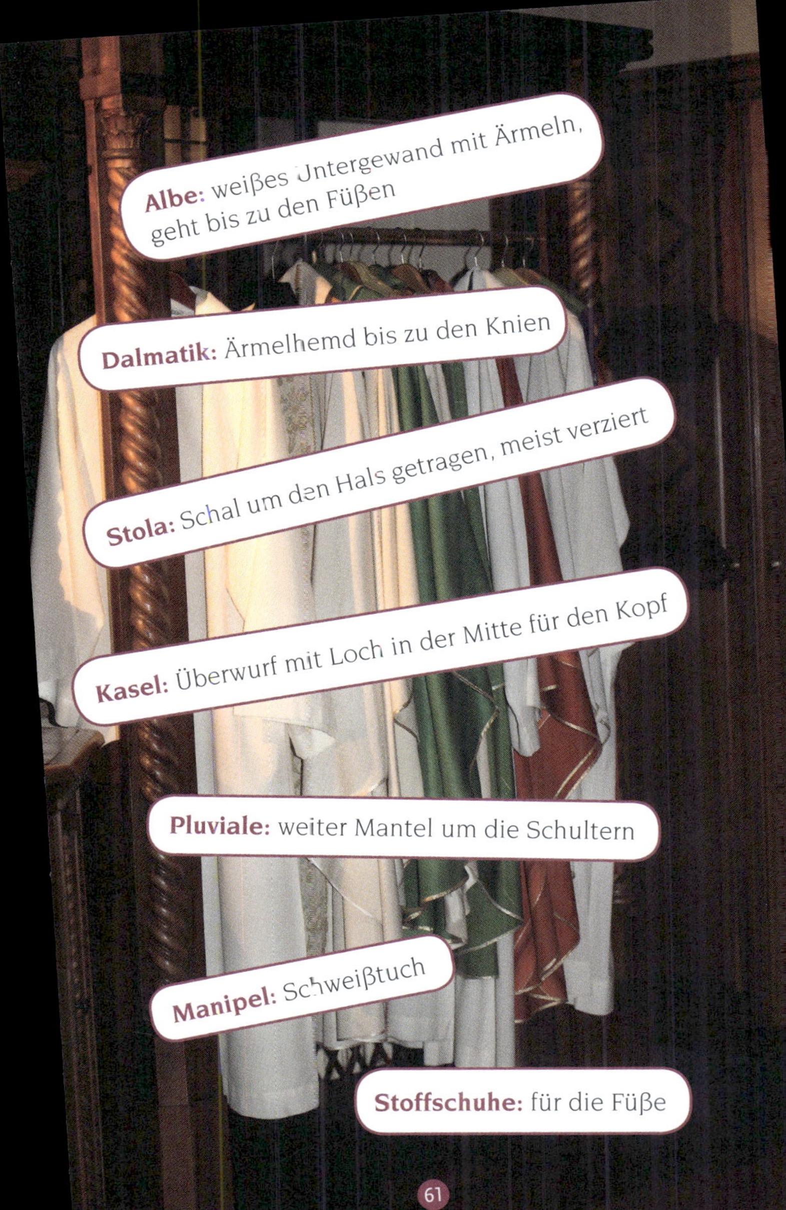

Albe: weißes Untergewand mit Ärmeln, geht bis zu den Füßen

Dalmatik: Ärmelhemd bis zu den Knien

Stola: Schal um den Hals getragen, meist verziert

Kasel: Überwurf mit Loch in der Mitte für den Kopf

Pluviale: weiter Mantel um die Schultern

Manipel: Schweißtuch

Stoffschuhe: für die Füße

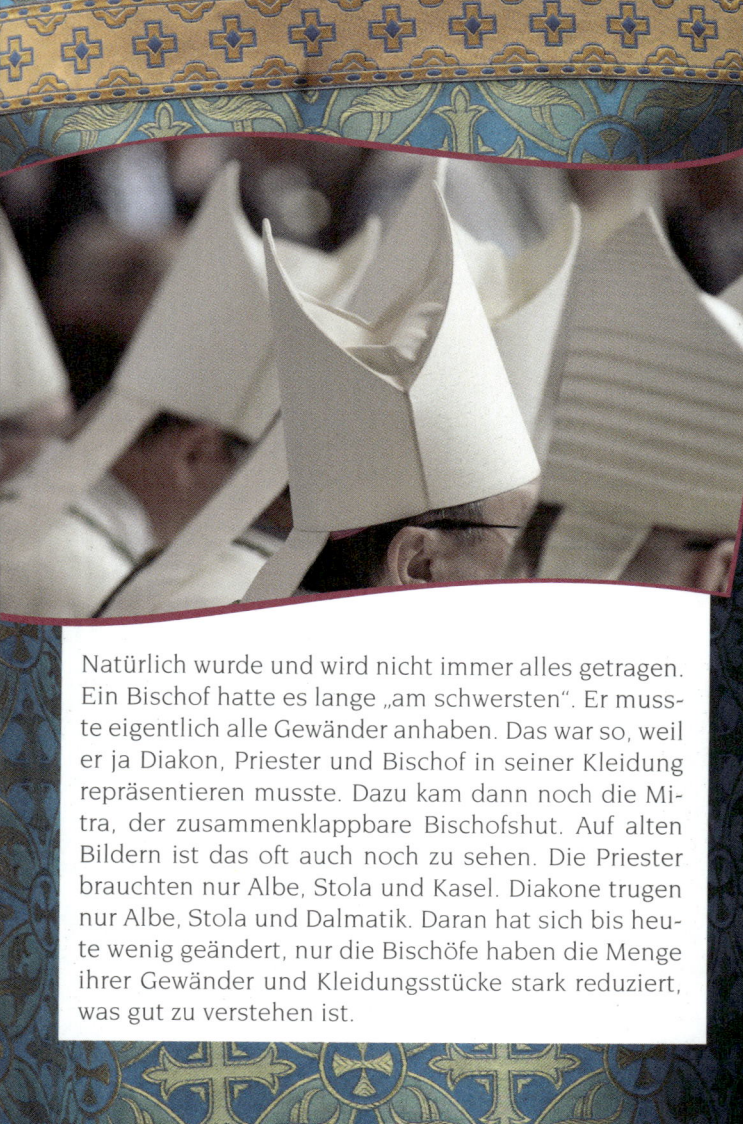

Natürlich wurde und wird nicht immer alles getragen. Ein Bischof hatte es lange „am schwersten". Er musste eigentlich alle Gewänder anhaben. Das war so, weil er ja Diakon, Priester und Bischof in seiner Kleidung repräsentieren musste. Dazu kam dann noch die Mitra, der zusammenklappbare Bischofshut. Auf alten Bildern ist das oft auch noch zu sehen. Die Priester brauchten nur Albe, Stola und Kasel. Diakone trugen nur Albe, Stola und Dalmatik. Daran hat sich bis heute wenig geändert, nur die Bischöfe haben die Menge ihrer Gewänder und Kleidungsstücke stark reduziert, was gut zu verstehen ist.

Ministrantenkleider sind 1000 Jahre jünger!

Lange Zeit trugen Priester in unseren Breiten tagsüber ein langes schwarzes Gewand: den Talar (lat. talaris = knöchellang). In manchen Gegenden der Welt ist er heute noch üblich. Etwas Besonderes war das nicht. Der Talar war für Kleriker die Alltagskleidung! Gingen sie dann zum Beten in die Kirche, zogen sie sich nicht komplett um, sondern zogen über ihren Talar einfach eine weiße abgeschnittene Albe. Das hieß dann „Chorrock". Daraus entstand die Ministrantenkleidung.

Meist täuscht sie trickreich einen ganzen Talar vor, besteht aber aus Rock und einem bunten Kragen. Hängt der Chorrock darüber, sieht es von außen aus wie ein ganzer Talar.

Populär ist heute auch eine andere Kleidungsform für Ministranten: ein helles Gewand, das wie eine Albe angezogen wird und einen farbigen Strick als Gürtel bekommt.

Bibliothek – die Bücher

Zu jedem Gottesdienst werden Bücher gebraucht, und zwar mindestens zwei: Missale und Lektionar. Im Missale, dem Messbuch, stehen alle wichtigen Texte und Gebete, die im Gottesdienst gesprochen werden. Im Lektionar, dem Lesungsbuch, finden sich alle Schriftlesungstexte aus der Bibel. Aber es gibt noch eine Reihe weiterer Bücher. Es ist gut zu wissen, wo sie in der Sakristei ihren Platz haben. Sie gehören zu den Dingen, die ganz gerne mal in der Sakristei vergessen werden. Da sind dann Minis schnell Retter in letzter Sekunde, wenn sie den Durchblick haben.

Evangeliar – Evangelienbuch

Das ist ein großes, schweres und reich gestaltetes Buch. Es wird zum Einzug feierlich mit in die Kirche gebracht und dabei meist nach oben gehalten. Daraus wird dann das Evangelium vorgelesen. Manchmal stehen dann Ministranten mit Leuchtern daneben, und vorher wird es mit Weihrauch inzensiert. Am Ende wird es wieder mit in die Sakristei genommen.

Lektionar – Lesungsbuch

Lektionare gibt es viele: Bloß gut, dass da die Lektoren den Durchblick behalten müssen und nicht die Ministranten. Drei rote Lektionare gibt es für die Sonntage, drei grüne für die Wochentage und noch einige andere für verschiedene Anlässe. Aus ihnen werden die Lesungen gelesen, die nach Lesejahren (A, B und C) geordnet sind. Auch die Evangelien stehen hier drin. Daher gibt es nicht in jeder Gemeinde ein Evangeliar. Oft werden alle Lesungen gleich aus dem Lektionar gelesen.

Missale – das Messbuch

Das Messbuch ist dick und hat viele bunte Bändchen und Einmerker, die alle eine bestimmte Funktion haben. In den meisten Pfarreien kümmert sich der Küster oder der Priester selber darum. Trotzdem ist es gut, einiges darüber zu wissen. Im Messbuch findet der Priester die Gebete für den Gottesdienst (Tagesgebet, Gabengebet, Hochgebet, Abschlussgebet). Für die normalen Tage ist es meist blau, an Feiertagen ist es rot eingebunden. Zu manchen Gebeten (meist Tagesgebet) wird es vom Ministranten gehalten, manchmal liegt es aber auch auf dem Altar (Hochgebet und Dankgebet). Die Geheimnisse der Buchhalteordnung sind von Gemeinde zu Gemeinde verschieden. Die Oberministranten wissen sicher, wie es in deiner Gemeinde üblich ist.

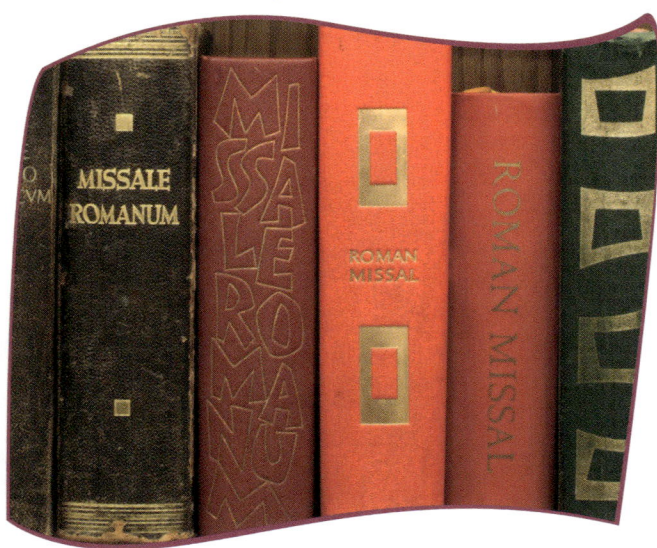

Fürbittbuch

Es gibt sehr verschiedene Fürbittbücher. In manchen Gemeinden sind sie nicht gebräuchlich, weil die Fürbitten selbst formuliert werden. Fast immer bekommt sie ein Lektor oder spezieller Fürbittleser in die Hand. Sie gehören zu der Kategorie Bücher, die gern mal in der Sakristei vergessen werden, es ist also ganz gut, wenn du weißt, wie sie aussehen.

Gesangbuch

Ein Muss für die Ministranten, denn Mitsingen ist für alle Minis selbstverständlich. Außerdem sind darin Gottesdienstabläufe zu finden, gerade für besondere Gottesdienste eine Möglichkeit, mal schnell nachzublättern, damit nichts vergessen wird.

Weitere Bücher

Die gibt es zum Beispiel für Taufe, Trauungen, Beerdigungen und Segnungen. Du kannst dich darauf verlassen, dass sich Zelebrant und Küster darum kümmern. Manchmal musst du sie halten.

Werkzeugkiste – die Geräte

Altartücher und Korporale

Der Altar ist nicht einfach ein Tisch, auf dem der Priester etwas abstellen kann. Nein, der Altar symbolisiert
Christus. In vergangenen Zeiten gab es den Brauch,
ihn richtig anzuziehen. So wurde er mit drei Leinen-
tüchern bedeckt, von denen eines an die Windel im
Stall zu Betlehem erinnerte und die beiden anderen
an die Tücher, in denen Jesus begraben war. Heute
gibt es diesen Brauch kaum noch, und es wird nur ein
Altartuch als festliches Tischtuch genommen.

Auf das Altartuch legt der Priester bei der Gabenbereitung ein kleineres Tuch, das Korporale. Aus dem
Lateinischen übersetzt heißt das eigentlich „Körperchen". Auf das Korporale wird bei der Eucharistiefeier
die Hostienschale gestellt. Beim Brotbrechen fallen
kleine Krümel auf das kleine quadratische Tuch. Da
sie genauso „Leib Christi" sind wie die großen Hos-
tienteile, fallen diese „Körperchen" auf das Korporale
und kommen beim Reinigen der Geräte mit in den
Kelch, den der Priester dann austrinkt.

Hostienschale

Hostien sind die Brotstücke (sie bestehen wirklich aus Mehl und Wasser), die in der Wandlung zum Leib Christi, dem Brot ces Lebens, werden. Die Hostienschale ist das Gefäß, in dem viel von diesem Brot Platz findet und aus dem die Kommunion ausgeteilt wird. Oft ist es vergoldet.

Ziborium

Das Ziborium (lat., auf Deutsch: Speisegefäß) wird von Nichtkennern oft mit dem Kelch verwechselt. Auch wenn es wie ein breiter Kelch aussieht: Darin werden die geweihten Hostien im Tabernakel aufbewahrt. Es ist also ein Brotgefäß. Außerdem hat es einen Deckel zum Verschließen, den hat kein Kelch in der Kirche.

Monstranz

Monstrare (lat.) heißt zeigen. Die **Monstranz** ist ein kostbares, fast immer goldenes Gefäß für die geweihte Hostie. Sie wird darin den Gläubigen gezeigt. In der Mitte hat sie ein Fenster, dahinein kommt die Lunula.

Lunula

Lunula heißt kleiner Mond, weil dieses Gefäß tatsächlich wie ein Mond aussieht. Das hat aber durchaus praktische Gründe, weil dahinein die große Hostie gestellt wird, die entweder in die Kustodia oder in die Monstranz kommt.

Kustodia

Viele wissen gar nicht, dass es die Kustodia gibt, oder denken, sie gehört irgendwie zur Monstranz. Kustodia (lat.) heißt Wache. In ihr ist Platz für eine große Hostie. Im Tabernakel ist immer eine Kustodia mit Hostie zu finden. S e ist Zeichen dafür, dass Gott über uns wacht.

Patene

Die Patene gibt es nur in manchen Gemeinden. Sie ist eine flache Schale, auf die ein oder zwei große Hostien passen.

Kelch

Kelch ist ein Wort, das ausnahmsweise einmal nicht aus dem Lateinischen, sondern aus dem Griechischen kommt. *Kalyx* ist das griechische Wort für Becher. Der Kelch ist ein kostbarer Becher, meist aus edlem Metall. Er ist für den Wein da, der in der Eucharistiefeier gewandelt und bei der Kommunion empfangen wird.

Das **Kelchtuch** wird nach der Kommunion gebraucht. Der Zelebrant wischt mit diesem länglichen Tuch den Kelch aus.

Palla (lat.) heißt eigentlich *Theatervorhang*. Dieser Vorhang ist sehr nützlich, damit nichts in den Wein fallen und im Sommer auch keine Insekten hineinfliegen können.

Velum (lat.) ist die „Hülle", die den fertigen Kelch in einen festlichen Stoff hüllt, der in der Regel zur liturgischen Farbe des Tages passt. Die Reihenfolge beim Kelchherrichten: Kelchtuch, darauf die Palla, das Korporale und zum Schluss hüllt das Velum alles ein.

Kännchen

Darin sind Wasser und Wein, die bei der Gabenbereitung gemeinsam in den Kelch gegossen werden. Oft tragen sie kleine Zeichen, damit der Ministrant oder Priester sie nicht verwechselt. Das können Symbole für Wein und Wasser sein oder Buchstaben. Dann sind sie meist auf Latein: A steht für aqua (Wasser) und V für vino (Wein).

Lavabo und Lavabotuch

Kanne und Schüssel zum Händewaschen sind das La-vabo (lat.). Ins Deutsche übersetzt heißt das *Ich wasche mich*. Das Lavabotuch ist das Handtuch zum Abtrocknen nach der Gabenbereitung und dem Händewaschen. Nicht überall gibt es das Lavabo – in manchen Gemeinden nimmt man das Wasserkännchen und gießt das Wasser auf das Tablett der Kännchen.

Kerzen

Die Kerzen sind Zeichen dafür, dass Christus das Licht der Welt ist. Du selbst hast wahrscheinlich eine Tauf- und eine Erstkommunionkerze.

Die wichtigste Kerze ist die große Osterkerze, die in der Osternacht geweiht und entzündet wird. Sie ist das Symbol für Christus, und viele andere Kerzen werden an ihr entzündet, so auch deine Tauf- und deine Kommunionkerze. Am Altar stehen Kerzen, die eigentlich genau dasselbe sagen wollen. Außerdem hatten sie in vielen Jahrhunderten ganz praktische Gründe: Schließlich wollten die Menschen auch in dunklen Kirchen etwas sehen. Und Kerzen verbreiten eine feierliche Stimmung, besonders wenn das elektrische Licht mal aus bleibt.

Feuer und Flamme –
mal Dampf machen

Weihrauch

Der Weihrauch wird aus dem Harz des Boswellia-Strauches („Weihrauchbaum") gemacht, der nur in wenigen Gegenden der Welt wächst (Somalia, Oman und Indien). Gemischt mit verschiedenen Zutaten können sehr unterschiedliche Düfte erzeugt werden. Im Weihrauch ist der Stoff THC enthalten, der gute Stimmung macht. Hierin liegt vielleicht die Bedeutung des Weihrauches. Weihrauch soll zu einer guten Stimmung im Gottesdienst beitragen, zu Gott aufsteigen und – dazu kommen wir gleich noch – Störendes wegnehmen.

Heilige und nüchterne Gründe für den Weihrauch

In vielen Religionen ist das Weihräuchern wichtig. Wie ein Gebet steigt der Weihrauch zum Himmel auf und verändert alle, die seinen Duft riechen. Schon am persischen Hof ließen sich die Herrscher „beweihräuchern". Im Römischen Reich standen vor den Tempeln glühende Kohlebecken, in die man beim Vorbeigehen schnell mal ein paar Weihrauchkörner werfen konnte. Als die Kaiser anfingen, diesen Brauch für ihre eigenen Bilder einzufordern, machten die Christen nicht mit. Sie wollten ihr Rauchopfer nur dem einen Gott darbringen. Dieser Konflikt führte zu den ersten Christenverfolgungen. Ein viel nüchternerer

Grund ist die Hygiene. Der starke Duft des Weihrauches überdeckt Gestank und schlechte Gerüche. In Tempeln wurden Tiere geschlachtet, und auch die Menschen wuschen sich damals nicht so oft wie wir heute. Dem Weihrauch wurde zugetraut, dass er Krankheiten fernhält und desinfiziert. Die Gründe für Krankheiten waren nicht so gut erforscht, so wird der Duft die meisten Krankheitserreger ziemlich kaltgelassen haben. Kein Zufall, dass das größte schwenkbare Weihrauchfass der Welt in dem spanischen Wallfahrtsort Santiago de Compostela hängt. Dorthin kommen seit dem Mittelalter Pilger, die Monate zu Fuß unterwegs waren. Viele konnten sich unterwegs nicht allzu häufig waschen. Da war der Weihrauch auch in dieser Hinsicht ein Segen.

Sorten

Es gibt leichte und schwere Düfte, blumenartige und geräucherte. Ein Riechtest, um herauszubekommen, welcher zu welchem Gottesdienst am besten passt, schärft ungemein die Sinne.

Weihrauchfass und Schiffchen

Das Schiffchen ist der Weihrauchbehälter mit einem kleinen Löffelchen, um den Weihrauch auf die glühende Kohle zu legen. Die steckt natürlich im Weihrauchfass. Für die Bedienung gibt es in jeder Gemeinde unterschiedliche Bräuche. Lass dir zeigen, wie es bei euch gemacht wird. Es gibt ein paar Tricks, die überall funktionieren, wenn du nicht allzu oft putzen willst. Lass den Deckel immer ein wenig offen, sonst setzt sich zu viel Schmiere am Metall ab. Warte nicht zu lange, bis du die Kohle aus dem Weihrauchfass herausnimmst, sonst hast du eine ziemlich verklebte Masse im Fass. Und pass auf: So ein Weihrauchfass kann innen und außen ganz schon heiß werden!

Kleine Weihrauchmeditation

Ein schönes Zeichen ist es, wenn alle Gottesdienst-besucher ein kleines Körnchen Weihrauch in die Hand bekommen. Zu Fürbitten kann jeder einzelne eingeladen werden nachzudenken, für welche Anliegen er gerne beten mochte. Für diese Anliegen wirft er das Weihrauchkorn auf die glühende Kohle. Der Duft, der schnell das Kirchenschiff durchzieht, er-reicht alle Nasen und verbindet sich mit den Körnern der anderen. Der Rauch steigt empor und soll diese Bitten, gemeinsam mit den Bitten der anderen Men-schen, zu Gott tragen.

Ganz schön fromm

Beten mit Körper und Geist

Beten

www ist die Abkürzung für world wide web, was ja wirklich fast jeder weiß.

Das allererste weltweite „Netz" funktioniert seit Jahrtausenden ohne Elektronik und arbeitet bis heute. Der Knotenpunkt, an dem alle Informationen dabei zusammenlaufen, heißt Gott. An den Tastaturen kann jeder sitzen, der sich auf ihn einlässt. Dieses Netz ist nie überlastet, stürzt nicht ab und ist immun gegen Viren. Hinein kommt man ohne Codewort, Vertragsbedingungen und Tarif. Die vorhandenen Programme sind so vielfältig wie das Leben. Die Software dafür heißt Gebet, und jeder kann sie selbst entwickeln, also auch du!

Fragen

www ist auch die Abkürzung für wieso, weshalb, warum und alle anderen Fragen, die mit „w" beginnen. Das sind Fragen, die mit dem Leben, der Welt und Gott zu tun haben. Beten bringt nicht immer schnelle Antworten, aber ist Hilfe auf dem Weg zur Klarheit. Beten ist zeitlos, gleichzeitig alt und supermodern. Denn Gott ist immer da und lädt dich ein. Wenn du mit ihm sprichst oder schweigst, kannst du das „beten" nennen. Beten geht überall: in der Kirche, auf dem Fahrrad, zusammen mit anderen oder allein. Wer beten für langweilig hält, sollte sein Programm updaten.

Pater noster/Vaterunser
– das bekannteste Gebet der Welt

„Herr, lehre uns beten", baten die Jünger Jesu. Also lehrte Jesus die Jünger das „Vaterunser", und wir beten es bis heute zu allen möglichen Gelegenheiten. Oft wird es routinemäßig „heruntergebetet".

Dabei wird in dem Gebet alles gesagt, was für Gott, die Welt, unseren Nächsten und uns selber „lebensnotwendig" ist. Dass der Lift, der niemals stillsteht, nach dem „Vaterunser" ebenfalls „Paternoster" genannt wurde, macht deutlich, dieses Gebet trägt dich immer wieder und zu jeder Zeit zu Gott.

Hier das vollständige lateinische „Paternoster"
(gleich mit der richtigen Betonung!):

Páter nóster, qui es in cóelis,
sanctificétur nómen túum;
advéniat régnum túum.
Fíat volúntas túa sícut
in cóelo et in térra.
Pánem nóstrum cotidiánum da nóbis hódie.
et dimítte nóbis débita nóstra,
sícut et nos dimíttibus debitóribus nóstris.
et ne nos indúcas in tentaniónem;
sed líbera nos a málo.
Ámen.

Vater unser im Himmel,
geheiligt werde dein Name.
Dein Reich komme.
Dein Wille geschehe,
wie im Himmel so auf Erden.
Unser tägliches Brot gib uns heute.
Und vergib uns unsere Schuld,
wie auch wir vergeben unsern Schuldigern.
Und führe uns nicht in Versuchung,
sondern erlöse uns von dem Bösen.
Denn dein ist das Reich und die Kraft
und die Herrlichkeit in Ewigkeit.
Amen.

Beten im Gottesdienst

Danken und senden

Eigentlich ist jedes Gebet auch ein „kleiner Gottesdienst". Im Sprachgebrauch wird Gottesdienst meist für Gottesdienstfeiern in der Kirche benutzt. Da gibt es Wortgottesdienste, ökumenische, Jugend-, Senioren-, Familien-, Werktags- und Sonntagsgottesdienste. Die meisten Katholiken denken bei Gottesdienst wahrscheinlich an die heilige Messe. Um die Gebete in diesem Gottesdienst, der heiligen Messe, soll es jetzt gehen.

Dass „Messe" vom lateinischen Wort „Missa" kommt und übertragen „Sendung" heißt, wird dich vielleicht überraschen. Dabei lässt sich das ganz leicht verstehen. Die heilige Messe ist eine „Tankstelle" für das Leben, und sie sendet uns dann wieder in unseren Alltag hinaus. Die Messe ist kein frommer Selbstzweck, sondern Kraftspender für das ganze Leben. Korrekt heißt die heilige Messe auch „Eucharistiefeier", und das heißt übersetzt „Danksagung"

Gebetet wird während des Gottesdienstes an mehreren Stellen. Fast immer leitet der Pfarrer das Gebet mit den Worten ein: „Lasset uns beten" oder: „Wir wollen beten". Als Ministrant musst du bei manchen Gebeten das Buch halten. Schauen wir uns einige dieser Gebete einmal etwas naher an:

Kyrieruf

„Kyrie eleison" ist griechisch und heißt auf Deutsch „Herr, erbarme dich". Hier bitten wir Gott, dass er uns verzeiht, wenn wir etwas falsch gemacht haben. Das Kyrie betet die Gemeinde gemeinsam.

Tagesgebet

Dieses Gebet betet der Priester. Meist hat es mit dem Thema des Gottesdienstes zu tun und endet immer mit einer kleinen Bitte.

Psalm

Nach der Lesung folgen meist Psalmen oder Psalmverse. Das sind tolle Gebete aus dem Alten Testament. Manchmal beten es alle, manchmal singt oder betet es jemand vor und die Gemeinde singt oder spricht den Kehrvers.

Credo

Im Credo wird kurz zusammengefasst, was Christen glauben, deswegen heißt es auch Glaubensbekenntnis. Es wird nicht in jedem Gottesdienst, aber immer zusammen mit allen gesprochen oder gesungen. Das Credo ist auf Seite 27 näher beschrieben.

Fürbittgebet

Unsere Welt braucht die Hilfe Gottes. Immer gibt es Situationen und Menschen, die auch unsere Hilfe brauchen. Im Fürbittgebet bitten wir um Gottes Hilfe für andere Menschen und die Welt und zeigen, dass wir dabei mithelfen wollen.

Gabengebet

Das Gabengebet beendet die Gabenbereitung, bei der Ministranten ja viel am Altar mitmachen dürfen. Gut verstehen kannst du es als Einladung an Gott und die Gemeinde, jetzt gemeinsam „Eucharistie zu feiern". Das heißt „gemeinsam Dank zu sagen" für alles, was Gott, der nun unter uns sein wird, für uns tut.

Hochgebet

Das Hochgebet wird in der heiligen Messe gebetet. Ein anderes Wort dafür ist Messkanon. Die meisten Teile spricht der Priester, an einigen Stellen antwortet die ganze Gemeinde.

Es gibt verschiedene Hochgebete, die alle den gleichen Inhalt und fast den gleichen Ablauf haben: Zuerst wird die Gemeinde eingeladen, gemeinsam zu danken. Wir erinnern uns an das, was Gott für uns getan hat, besonders an das Abendmahl, zu dem er uns immer wieder einlädt. Danach kommt die Wandlung: Aus Brot und Wein werden Leib und Blut Christi. Das heißt, dass Gott wirklich unter uns ist und in den Gaben zu uns kommt. Der Priester bittet den Heiligen Geist, auf die Gaben und die mitfeiernde Gemeinde herabzukommen.

Natürlich wird im Hochgebet Gott gelobt, am deutlichsten passiert das mit dem Sanctus, dem Heilig-Ruf.

Ebenso wird an die Kirche, die Welt, an die Lebenden und Verstorbenen gedacht und für sie gebetet. Mit dem Amen sagen alle Anwesenden, dass sie zu ihrem Glauben und zu den Bitten stehen.

Vaterunser

Es ist das einzige Gebet, das uns von Jesus überliefert ist, und enthält alles, was zu einem gelungenen Leben gehört: Glaube an Gott und die Welt als seine Schöpfung, das Wissen, selbst nicht perfekt zu sein, sondern auch Fehler machen zu dürfen, die Hoffnung auf das, was Gott noch mit uns vorhat, und die Bitte, uns zu erlösen. Alle beten es gemeinsam, und es gehört zu den Gebeten, die Christen der verschiedenen Konfessionen miteinander beten können.

Lamm Gottes

Das Agnus Dei, so heißt es auf Latein, erinnert uns daran, dass sich Jesus am Kreuz geopfert hat. Wie ein Lamm wurde er dort geschlachtet. Aber dieser Tod, dieses Opfer, war nicht sinnlos. Mit ihm hat Gott die Welt erlöst und gezeigt, dass Liebe es sogar vermag, für andere in den Tod zu gehen.

Lamm Gottes, du nimmst hinweg die Sünde der Welt, erbarme dich unser.

Lamm Gottes, du nimmst hinweg die Sünde der Welt, erbarme dich unser.

Lamm Gottes, du nimmst hinweg die Sünde der Welt, gib uns deinen Frieden.

Schlussgebet

Die Messe schließt mit einem Dankgebet, es kommt am Ende der Eucharistiefeier, und da gibt es allen Grund, Gott Dank zu sagen. Schlussgebet ist eigentlich ein falscher Begriff. Denn der Gottesdienst endet nicht. Zum Schluss kommt die Aussendung (Missa) – wir sollen das gerade Gefeierte in unserem Leben auch zeigen und bezeugen.

Bewegung und Innehalten –
Haltungen und Gesten

Es klingt komisch, aber Haltung hat sehr viel mit Geist zu tun. Auch im Gottesdienst ist zu sehen, ob wir aufmerksam, gelangweilt, gespannt oder müde sind. Die Frage – nicht nur für Ministranten – kann da schon lauten: Ist uns anzusehen, dass unser großes Gegenüber Gott durch dick und dünn mit uns geht? Oder sehen wir so aus, als ob alle hoffen, dass der Gottesdienst bald vorbei ist?

Im Gottesdienst können wir stehend, sitzend, kniend und gehend deutlich zeigen, was für ein großartiges Verhältnis Gott zu uns hat. Dabei sollen wir nicht irgendwem gefallen, sondern Gott.

Stehen

In alten Zeiten war es durchaus üblich, sich vor seinem Gott in den Staub zu werfen und kleinzumachen. Die Juden und später die Christen haben das nie mitgemacht. Gott gegenüberzustehen heißt, „Ja" dazu zu sagen, sein Ebenbild zu sein. Ebenbild heißt auch, mitmachen zu dürfen, unsere Welt besser, gerechter und friedlicher zu gestalten. Die Fähigkeit dazu hat Gott uns geschenkt, was wir daraus machen, liegt an uns. Deswegen dürfen wir als „Mitarbeiter" Gott gegenüberstehen. Im Gottesdienst stehen wir meist dort, wo die Gemeinde und ich zu Gott reden, ihn um Verständnis und Vergebung für unsere Schuld anrufen, sein Wort im Evangelium hören, Fürbitten aussprechen und ihn um den Segen bitten.

Sitzen

Wer sitzt, hat Zeit, aufmerksam zu sein, sich auf eine Sache besonders zu konzentrieren und gut zuzuhören. Die längste Zeit im Gottesdienst wird bei der Predigt gesessen. Natürlich kann es im Sitzen auch passieren, dass die Gedanken sonst wohin gehen. Manchmal kommen da aber auch gute Ideen. Sitzen ist keine Zeit zum Abschalten, sondern zum „Voll da sein".

Knien

Knien ist für uns heute die ungewohnteste Haltung. In unserer Beziehung zu Gott soll sie Dank und Verehrung ausdrücken. Es ist ein Unterschied, ob uns jemand kleinmacht, oder ob wir uns kleinmachen. Gott ist niemand, der uns in die Knie zwingen will. Im Gegenteil, er will uns seine Freiheit geben. Diese Freiheit ist ein Geschenk, und dafür kann ich dankbar beten: „Gott, vor deiner Größe muss ich auch mal staunend und dankend auf die Knie fallen. Denn ich weiß, auch du hast dich kleingemacht, als du für uns auf die Welt kamst."

Im Gottesdienst knien wir in der Eucharistiefeier. Weil sich Gott uns hier in Brot und Wein schenkt und wir darüber immer wieder staunen dürfen.

Gehen

Gott geht mit uns auf dem Weg durch das Leben. Und das Leben wird im Gottesdienst zwar besonders gefeiert, aber es findet immer und überall statt. Wenn wir im Gottesdienst gehen, zeigen wir auch: Gott läuft mit, wir dürfen zu ihm kommen und seine Liebe in die Welt bringen. Unser Glauben soll die Welt bewegen, da ist das Gehen genauso wichtig wie Stehen, Sitzen und Knien, auch wenn es vielleicht nicht ganz so fromm aussieht.

Gesten

Natürlich haben auch Gesten mit Haltung zu tun. Sie sind kurz und zeigen etwas ganz Bestimmtes.

Weihwasser und Kniebeuge

Wenn ich einen Freund treffe und er geht grußlos vorbei, scheint irgendetwas zwischen uns nicht zu stimmen. Wenn ich in eine Kirche komme, ist das Kreuzzeichen mit Weihwasser und eine Kniebeuge eine schöne Form, zu Gott „Hallo" zu sagen. Der Griff ins Weihwasserbecken soll mich an meine Taufe erinnern. Klar, ich bin ja Kind Gottes, des Vaters, des Sohnes und des Heiligen Geistes. Die Kniebeuge drückt aus: Ich bin da und bereit, mit dir durchs Leben zu gehen. Und hier in der Kirche denke ich dran: Du bist für mich da.

Kreuzzeichen

„Im Namen des Vaters und des Sohnes und des Heiligen Geistes." Da steckt eine Menge drin. Das Kreuzzeichen erinnert an das Kreuz, an unseren Lebensweg, den Weg zu Gott und in die Tiefe. Es umfasst Kopf, Herz und unsere Schultern. Ein kleines Gebet beim Kreuzzeichen kann sein:

Schenke mir den Verstand, dich zu finden.
Öffne mein Herz, dass ich meinen Nächsten
und deine Schöpfung lieben kann,
und gib mir starke Schultern,
Dinge zu verändern oder auszuhalten,
die das Leben mir aufbürdet.

Händefalten

So komisch es klingt, das Händefalten hilft mir, ruhig zu werden und mich zu sammeln. Sammlung ist nicht einmal etwas besonders Frommes. Auch Sportler sammeln sich vor einem Wettkampf. Es heißt, dass ich meine Sinne versuche zusammenzubekommen. So finde ich mich selbst in diesen Momenten und kann auch besser und sensibler Gott hören und ihn spüren.

Händereichen, Umarmung, Friedensgruß

Sich den Frieden zu wünschen, ist etwas sehr Schönes. Denn Frieden meint mehr, als sich nicht zu streiten. Außerdem ist es einer der – leider – wenigen Momente, wo ich im Gottesdienst wirklich etwas von meinem Banknachbarn mitbekomme. Sich da die Hand zu reichen oder sich zu umarmen, ist ein starkes Zeichen.

Segnen

Das kann jeder.

Wenn die Mutter ihrem Kind am Abend ein Kreuz auf die Stirn macht, segnet sie. Wenn der Priester am Ende des Gottesdienstes den Segen spricht, segnet er. Oft segnen sich Menschen gegenseitig. Du musst also nicht Pfarrer sein, um zu segnen.

Ein Segen drückt aus: Ich wünsche dir, dass es Gott gut mit dir meint, dass er bei dir ist, dich schützt und dir Kraft gibt. Wenn wir zu Gott beten, hoffen wir, dass er bei uns ist. Wenn wir segnen, hoffen wir, dass Gott auch bei dem ist, den wir segnen.

„Ihr sollt ein Segen sein", heißt es in der Bibel. Wenn wir zum Segen werden, bedeutet dass, dass auch durch unser Tun Gott in der Welt wirkt; dass wir die Kraft haben, diese Welt besser zu machen, als sie ist. Dafür können wir Gottes Segen gut gebrauchen und selbst zu Mutmachern für andere werden.

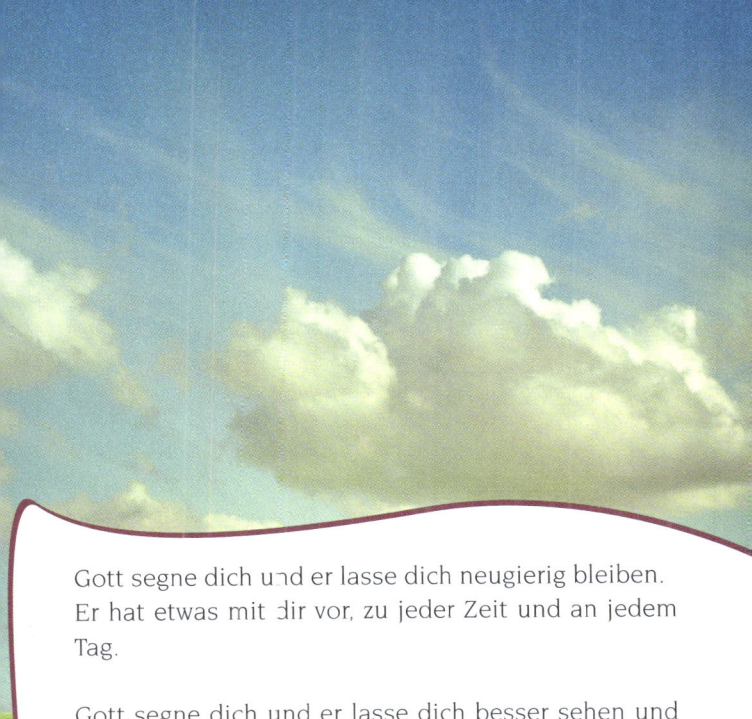

Gott segne dich und er lasse dich neugierig bleiben.
Er hat etwas mit dir vor, zu jeder Zeit und an jedem
Tag.

Gott segne dich und er lasse dich besser sehen und
hören,
damit du den Weg findest, der dich zu ihm führt

Gott segne dich und deine Freunde und Feinde,
denn niemals bist du allein unterwegs.

Gott segne den Weg, auf dem du gehst.
Und selbst, wenn du stolperst, gebe er dir den Mut
weiterzugehen.

Bunt durchs Jahr

Liturgische Farben und
Besonderheiten im Kirchenjahr

Die liturgischen Farben und was sie bedeuten

„Welche Farbe ist denn heute?" Das ist die typischste Sakristeifrage, schließlich wollen Minis ja in die richtigen Gewänder schlüpfen. Farben machen es uns leicht, die Zeit im Kirchenjahr zu erkennen. Wenn beim Gottesdienst Schwarz und Violett dran sind, wird sicherlich nicht Erstkommunion gefeiert. Dabei spielten am Anfang der Kirchengeschichte Farben keine besondere Rolle. Aber als das Christentum im Jahr 391 im Römischen Reich Staatsreligion wurde, kam für Kleriker, die nun Staatsbeamte wurden, eine Kleiderordnung auf. Hier gab es zwar noch keine Regel, welche Farbe wo ins Kirchenjahr gehört. Doch langsam wurden farbliche Unterschiede wichtig. Mit verschiedenen Purpurtönen wurde die Position des Klerikers, der im Gewand steckte, gezeigt.

Im 9. Jahrhundert, unter Kaiser Karl dem Großen, änderte sich das. Nun wurde begonnen, verschiedene Farben im Kirchenjahr zu verwenden. Das war in verschiedenen Regionen unterschiedlich. Im deutschen Sprachraum wurde Rot als Festfarbe gewählt. Weiß war dagegen in Rom die Farbe für die Feste. 1570 wurden im Konzil von Trient die Farben dem römischen Ritus angepasst. Trotzdem änderte sich das nicht an allen Orten. Das Zweite Vatikanische Konzil, das von 1962 bis 1965 in Rom stattfand, legte nur noch fünf liturgische Farben für die Gewänder fest: Weiß, Rot, Grün, Violett und Schwarz.

Ein Konzil ist eine große Versammlung der Bischöfe mit dem Papst. Viele wichtige Regeln der Kirche wurden auf Konzilien beschlossen und so natürlich auch die Festlegung der Farben.

Kleine liturgische Farbenlehre

Schauen wir uns die Farben an. An ihnen kannst du erkennen, was gerade gefeiert wird. Die Farben des Kirchenjahres finden sich auf den Priestergewändern, Stolen, auf Deckchen, Decken, Tüchern und vielem mehr. Natürlich hängen auch in vielen Sakristeischränken Ministrantengewänder in den liturgischen Farben.

Weiß – Farbe der Feste und Farbe Christi

Diese Farbe bedeutet Freude, Friede, Licht, Vollkommenheit, Unschuld und ist das farbliche Symbol für Christus. Um sein langes weißes Gewand würfelten die römischen Soldaten bei der Kreuzigung. Weiß wird an den Hochfesten der Weihnachts- und Osterzeit sowie bei den Festen getragen, die besonders Christus gewidmet sind.

Rot – Farbe des Lebens, der Liebe, des Mutes und des Geistes

Rot gilt als die Farbe für die Liebe und das Leben, für Blut und Feuer und Heiligen Geist. Rot wird Palmsonntag, Karfreitag, Pfingsten, zu Märtyrerfesten und bei der Firmung getragen und ist die Farbe der meisten Ministrantentalare für die Festzeiten.

Grün – Farbe der Hoffnung und des Jahreskreises

Grün steht für Hoffnung, Leben, Natur und Schöpfung. An allen Tagen im Jahreskreis ist Grün an der Reihe, wenn es nicht besondere Feiertage sind. Denn die Hoffnung soll uns durch den Alltag begleiten.

Violett – Farbe der Besinnung und des Veränderns

Violett, die Farbe der Umkehr, Buße und Besinnung wird in der Fastenzeit und im Advent getragen. Ebenso bei Buß- und Beichtgottesdiensten, zu Totenmessen und bei Beerdigungen.

Rosa – Farbe der Vorfreude

Rosa gilt als helle Form von Violett und ist keine eigene liturgische Farbe. Es wird nur zweimal im Jahr angelegt: am 3. Sonntag im Advent (Gaudete, lat.; „Freuet euch!") und am 4. Fastensonntag (Laetare, lat.; „Freue dich."). Trotzdem gibt es rosa Minigewänder oder Messgewänder in vielen Sakristeischränken überhaupt nicht. Dort wird stattdessen Violett getragen.

Schwarz – Farbe der Trauer

Sie ist die Farbe der Trauer und des Todes, aber auch von vornehmer Festkleidung. Sie wird zur Beerdigung getragen oder als feierliches Gewand für „große Ministranten" und Lektoren, dann meist mit weißem Chorhemd/Rochett. Oft wird statt Schwarz auch Violett genommen.

Andere Farben

Außerdem gibt es manchmal noch Gold und Silber für besonders festliche Anlässe und Blau für Marienfeste. Die gelten aber alle nicht als liturgische Farben.

Erster Advent bis Christkönig – das Kirchenjahr

Im liturgischen Kalender dreht sich alles um Christus. Deshalb beginnt das Kirchenjahr mit dem Advent, die Zeit, in der besonders auf das Wiederkommen Jesu gewartet wird. Es endet mit dem Christkönigsfest. Da feiern wir Christus, den einzig wahren König der Welt. Im Kirchenjahr gibt es zwei besondere Zeiten. Das sind der Weihnachtsfestkreis und der Osterfestkreis. Die Zeiten dazwischen werden einfach „Zeit im Jahreskreis" genannt. Eingeordnet in diese runde Sache werden alle Feste, die es in der Kirche gibt, und das sind ganz schön viele. Klar, denn der Glaube soll gefeiert werden.

Schauen wir uns zuerst einmal den **Weihnachtsfestkreis** an. Er beginnt am ersten Adventssonntag und endet mit dem Fest „Taufe des Herrn". Das ist der Sonntag nach dem sechsten Januar. Nur wenn der sechste Januar selbst ein Sonntag ist, wird die Taufe des Herrn am Montag, dem 7. Januar, gefeiert. Das Fest Erscheinung des Herrn am 2. Februar, das auch „Mariä Lichtmess" genannt wird, war viele Jahrhunderte lang der Abschluss der Weihnachtszeit. Mittendrin im Weihnachtsfestkreis, das sagt schon der Name, liegt Weihnachten.

Nach dem Weihnachtsfestkreis kommt die **erste Zeit im Jahreskreis**. Die Sonntage werden jetzt gezählt. Das beginnt mit dem Sonntag mit dem Fest Taufe des

Herrn als 1. Sonntag im Jahreskreis. Das ist immer der Sonntag nach dem 6. Januar. Mit dem Aschermittwoch geht dann der **Osterfestkreis** los, der bis 50 Tage nach Ostern, also bis Pfingstsonntag reicht. Zu ihm gehören die Fastenzeit, die Karwoche, das Osterfest und Christi Himmelfahrt.

Danach beginnt die **zweite** und längste **Zeit im Jahreskreis**. Die Sonntage werden weitergezählt. Der letzte Sonntag ist immer das Christkönigsfest; es setzt dem Jahr die Krone auf! In die Zeit des Jahreskreises gehören auch der Marienmonat Mai und der Rosenkranzmonat Oktober. Viele Heiligenfeste gibt es ebenfalls in dieser Zeit.

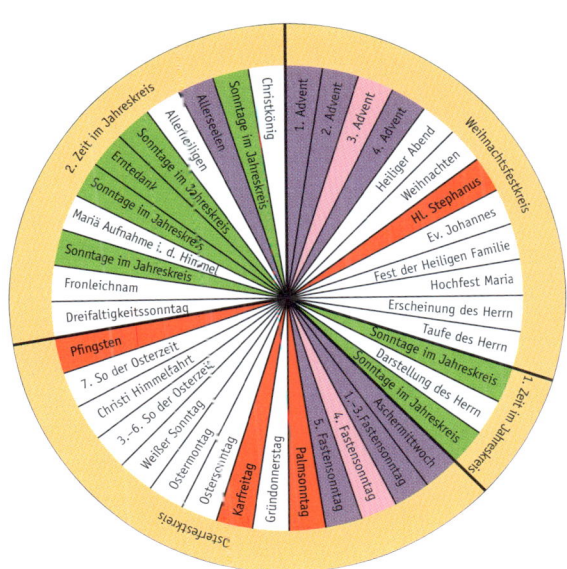

Was gibt es im Advent Besonderes für Ministranten?

Gar nicht so viel. Im Gottesdienst musst du aufpassen, weil das Glorialied fehlt und dadurch das Tagesgebet gleich nach der Sündenvergebung an der Reihe ist. Dann gibt es die Rorate-Gottesdienste. Das sind Morgenmessen in der nur durch Kerzen erleuchteten Kirche. Sie heißen so, weil sie immer mit dem Eröffnungsvers „Rorate caeli desuper" beginnen. Das ist Latein und heißt übersetzt: „Tauet, Himmel, von oben." Im Buch Jesaja ist dieser Spruch zu finden. Er meint die Hoffnung, dass Jesus wieder zu uns kommt. Wer zu einer dieser Frühmessen will, sollte nicht vergessen, den Wecker zu stellen.

Advent ist violett und einmal rosa

Die liturgische Farbe im Advent ist Violett, die Farbe der Buße. Buße heißt auch, sich selbst genauer kennenzulernen und sich so zu ändern, dass einiges besser gelingt. Daher passt auch die besondere Einladung alljährlich vor Weihnachten, beichten zu gehen. Dann kann neu „durchgestartet" werden.

In ganz wenigen Kirchen gibt es für den 3. Adventssonntag „Gaudete" (lat.; „Freut euch!") auch rosa Gewänder. Wo nicht, bleibt es beim Violett.

Was gibt es in der Weihnachtszeit Besonderes für Ministranten?

Die Weihnachtsgottesdienste sind sehr festliche, aber „normale" Eucharistiefeiern. Natürlich ist die liturgische Farbe Festtagsweiß, bei den Ministrantenröcken oft auch Rot. Das Gloria wird wieder gesungen, und dabei ist es mancherorts üblich, mit den Altarglocken kräftig mitzuklingeln. In vielen Gemeinden werden in diesem Gottesdienst Krippenspiele aufgeführt. Und natürlich sind in der Kirche Weihnachtsbäume und die Krippe aufgebaut.

Häusersegen und Sternsingen

Viele Kinder und Jugendliche machen beim Sternsingen mit. Sie ziehen verkleidet als Könige von Haus zu Haus, singen und sammeln für Kinder in der Welt. Oft segnen sie die Häuser. Dabei schreiben sie C+M+B und die Jahreszahl mit Kreide über die Tür und verspritzen Weihwasser.

CMB heißt allerdings nicht Caspar, Melchior, Balthasar. Nein, es heißt „Christus mansionem benedicat". „Mansion" ist das Haus und „benedicere" heißt „segnen". Also: „Christus segne dieses Haus."

Das Sternsingen erfand im Jahr 1946 der slowenische Salesianerpater Janez Rovan. Nach den Schrecken des Zweiten Weltkrieges wollte er mit Kindern Licht und Hilfe in die Welt bringen. Seit 1959 ziehen die Sternsinger auch durch Deutschland.

Mittlerweile ist es die größte Spendenaktion der Welt.

Am Aschermittwoch ist alles vorbei

Nach den tollen Faschingstagen hören am Aschermittwoch normalerweise alle Faschingsfeiern auf. Wer sich danach immer noch verkleidet, hat irgendwie den Anschluss verpasst.

Aschermittwoch ist ein Fast- und Abstinenztag. Das heißt, dass Erwachsene an diesem Tag nur eine feste Mahlzeit zu sich nehmen, kein Fleisch essen und einen Gottesdienst besuchen sollen. Das ist der Start in die Fastenzeit. Und das ist keine Zeit für saure Mienen und schielende Blicke auf die Süßigkeiten im Schrank. Jetzt ist Zeit, sich auf Ostern, das wichtigste Fest im Jahr, vorzubereiten. Das geht am besten, wenn du selbst wieder „wie neugeboren" wirst.

Der Aschermittwochsgottesdienst ist eine normale heilige Messe. In ihr bekommen alle ein Aschekreuz auf die Stirn gezeichnet. Die Asche kommt dabei

von verbrannten Zweigen, die im vorherigen Jahr am Palmsonntag gesegnet wurden. Das Aschekreuz will uns deutlich machen: Aus Staub sind wir gemacht, und zu Staub werden wir zurückkehren. Wir denken an den Tod, der zum Leben dazugehört und ohne den es keine Auferstehung gäbe.

Fasten befreit!
Beim Fasten geht es darum herauszubekommen, ob die Dinge mich oder ob ich die Dinge im Griff habe. Das kannst du testen, indem du in der Fastenzeit einfach bewusst auf einige gewohnte Dinge verzichtest. Manche versuchen das mit Süßigkeiten, manche mit Fleisch oder Fernsehen. Wer verzichtet, gewinnt Freiheit und bekommt heraus, wozu er in der Lage ist.

Sonntag Laetare – Bergfest mitten in der Fastenzeit
Die Mitte der Fastenzeit. „Laetare" ist Latein und heißt übersetzt „Freue dich!" Die Hälfte der Fastenzeit ist geschafft, will uns diese Sonntagsbezeichnung sagen. Und deshalb gibt es in einigen Sakristeischränken für den vierten Fastensonntag rosa Mess- und ganz selten auch rosa Ministrantengewänder.
Warum rosa? Ganz einfach. Rosa ist ein leichtes Violett und sieht nicht so streng aus. Wer kein Rosa findet, bleibt bei Violett.

Palmsonntag

Als Jesus auf einem Esel in Jerusalem einzog, jubelten ihm die Menschen mit Palmzweigen zu. Viele hielten ihn für einen Wundertäter, manche für den Messias oder einen Propheten. Begeistert riefen sie „Hosanna dem Sohne Davids", während die Römer misstrauisch nach ihm schauten. Nichts konnten sie weniger gebrauchen als einen Unruhestifter, für den sie Jesus hielten. Mit der Erinnerung an diesen grandiosen Einzug startet die Karwoche. Der Palmsonntagsgottesdienst beginnt mit der Palmweihe und einer Prozession. Am Ende der Fastenzeit bricht Freude aus. Doch die währt nur kurz. Im gleichen Gottesdienst wird aus dem Evangelium gelesen, wie es weitergeht: mit der Passion Jesu, also seinem Leiden und Sterben am Kreuz. Für Ministranten ist die Palmenweihe mit Weihwasser und Prozession besonders zu beachten.

Chrisammesse/Ölmesse

Traditionell fand diese Ölmesse am Morgen des Gründonnerstags statt. Heute ist sie an einem der ersten Tage der Karwoche. Dabei werden vom Bischof die Öle für die Sakramentenspendung geweiht. Bei diesem Gottesdienst versammeln sich die Priester eines Bistums ziemlich vollständig. Denn sie brauchen die Öle ja in den kommenden Monaten auch. Die heiligen Öle sind Krankenöl (für die Krankensalbung), Chrisam (für die Firmung, Taufe, Priester- und Bischofsweihe) und Katechumenenöl (für die Taufe).

Geweiht wird Olivenöl. Für Ministranten gibt es einige Besonderheiten, da hilft der Zeremoniar des Bischofs, damit nichts vergessen wird.

Gründonnerstag

Jesus feierte mit seinen Jüngern das letzte Abendmahl. Vorher wusch er ihnen die Füße. Er teilte Brot und Wein. Dies ist die Geburtsstunde des Abendmahles im Gottesdienst, der Eucharistie. In jeder heiligen Messe wird daran erinnert:

Denn am Abend, an dem er ausgeliefert wurde und sich aus freiem Willen dem Leiden unterwarf, nahm er das Brot und sagte Dank, brach es, reichte es seinen Jüngern und sprach: **„Nehmet und esset alle davon: Das ist mein Leib, der für euch hingegeben wird."**

Nach dem Mahl ging Jesus in den Garten Getsemani, um zu beten. Die Jünger, die ihn begleiteten, schliefen ein und wurden erst wach, als Soldaten kamen, um Jesus festzunehmen.

Im Gottesdienst gibt es einige Besonderheiten. Die Fußwaschung wird gestaltet, vielerorts wird die Kollekte von den Gläubigen vor den Altar gebracht. Das Allerheiligste wird am Ende des Gottesdienstes herausgetragen und der Altar wird komplett abgeräumt. In vielen Gemeinden gibt es Klappern, mit denen die Ministranten und der Priester das heilige Brot herausbringen. Meist wird nach dem Gottesdienst ein Agapemahl gehalten und danach gehen die verschiedenen Gruppen der Gemeinde zur Ölbergstunde. Sie versammeln sich am Allerheiligsten, um zu beten. Das heilige Brot steht in der Monstranz auf einem mit Blumen geschmückten Platz. Ministranten knien oft davor. Nach dem Glorialied schweigen bis zur Osternacht die Glocken und die Orgel. In einer alten Legende heißt es, sie fliegen bis Ostern nach Rom und werden gestimmt.

Gründonnerstag hat nichts mit Grün zu tun. Zumindest das „Grün-" leitet sich vom altdeutschen Wort „greinen" ab. Das heißt so viel wie „weinen". Trotzdem gibt es am Gründonnerstag viel Grün, da der Platz für die Monstranz ganz besonders festlich mit Blumen geschmückt ist.

Karfreitag

Benannt ist der Tag nach dem altdeutschen Wort „kara", was „Wehklage" bedeutet. Es ist der Tag, an dem wir uns an Jesu Tod erinnern. Auch am Karfreitag hören wir wieder eine Passion, immer die nach Johannes. Der Gottesdienst beginnt fast überall um 15.00 Uhr, in der Todesstunde Jesu. Der Priester, manchmal auch die Ministranten, legen sich schweigend vor den Altar.

Das Besondere an diesem Gottesdienst sind die zehn großen Fürbitten und die Kreuzverehrung. Es gibt keine Eucharistiefeier, sondern nur eine kurze Kommunionfeier. Die Hostien, die verteilt werden, stammen vom Gründonnerstagsgottesdienst. Auch ein Schlusslied gibt es nicht.

Der Karfreitag ist genauso wie der Aschermittwoch ein Fast- und Abstinenztag.

Das Geheimnis des Glaubens: Ostern

Völlig klar: Die Osternacht ist der Höhepunkt des Kirchenjahres.

Nach den Tagen des Leidens und Sterbens feiern wir das großartige Geheimnis des Glaubens: Christus ist von den Toten auferstanden. Denn auch wir hoffen darauf, dass mit dem Tod nicht Schluss ist, sondern dass Gott mit uns noch einiges vorhat.

Die Lichtfeier: Der Gottesdienst beginnt vor dem Osterfeuer. Das Feuer wird gesegnet und die Osterkerze entzündet. Bei Wind kann es schwierig sein, das Osterlicht in die Kirche zu bringen und an die Gemeinde weiterzugeben.

Das Exultet: In der nur durch Kerzen erleuchteten Kirche wird ein Loblied der Osterkerze gesungen. Ministranten halten dafür und auch für den nun folgenden Wortgottesdienst die Kerzen.

Wortgottesdienst: Es können bis zu sieben Lesungen aus dem Alten Testament gelesen werden. Dabei gibt es nach jeder Lesung ein Gebet. Auf die letzte Lesung aus dem Alten Testament und das dazugehörige Gebet folgt das Gloria. Die Orgel braust los, die Glocken läuten und die Ministranten klingeln. Danach folgen eine Lesung aus dem Neuen Testament und das feierliche Halleluja. Weihrauch wird aufgelegt und das Evangelium vorgetragen. An manchen Orten folgen Osterwitz und Osterlachen.

Tauffeier: Die Allerheiligen-Litanei wird gebetet oder gesungen, das Taufwasser wird geweiht, das Taufversprechen erneuert und die Fürbitten werden gehalten. Und wenn ein Täufling da ist, wird getauft.

Eucharistiefeier: Ab hier geht es wie an jedem anderen Sonntag weiter: Eucharistiefeier, Vermeldungen, Abschlusssegen, Schlusslied. In manchen Gemeinden gibt es im Anschluss an den Gottesdienst ein festliches Osterfrühstück.

Pfingsten

„Pentekost", das Wort, von dem sich Pfingsten ableitet, ist einfach das griechische Wort für „Fünfzig". Fünfzig Tage nach Ostern wird dieses Fest gefeiert. Und im Unterschied zur Fastenzeit zählen die Sonntage mit.

Die Juden feiern 50 Tage nach dem Passah das Wochenfest Schawuot. Das werden die Jünger auch gemacht haben, als sie nach dem Passahfest, vor dem Jesus starb, in Jerusalem beisammensaßen.

Jesus hatte sich ihnen nach Ostern als der Auferstandene gezeigt und war in den Himmel aufgefahren. Wahrscheinlich wussten an dieser Stelle die Jünger nicht so recht, was sie weiter machen sollten. Also feierten sie bei verschlossenen Türen das Fest ihrer jüdischen Tradition.

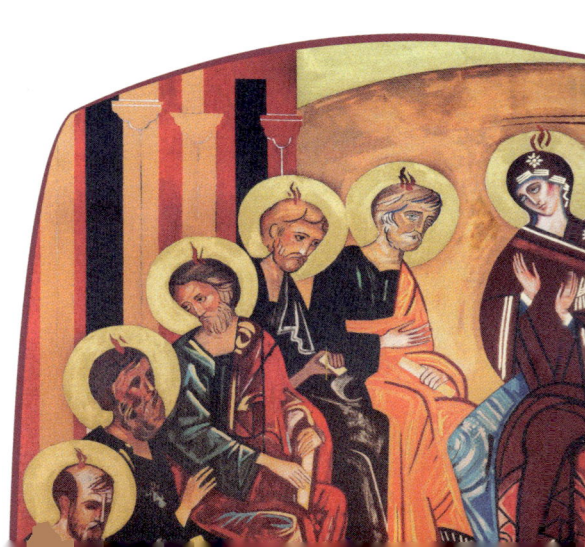

Dahinein platzte der Heilige Geist. Feurige Zungen kamen vom Himmel und die Apostel, allen voran Petrus, konnten auf einmal so reden, dass alle sie verstanden. Sogar Menschen anderer Sprachen und aus anderen Ländern. Von dieser Begeisterung ließen sich viele mitreißen und an Ort und Stelle taufen. Das erste Pfingstfest ist der Geburtstag der Kirche. Und von Anfang an ist die Kirche international.

Marienmonat Mai

Die Marienbilder und Figuren werden in den Kirchen im Mai besonders geschmückt. An vielen Tagen werden Maiandachten gehalten. Diese Form der Marienverehrung entstand in der Barockzeit in Italien und kam Mitte des 19. Jahrhunderts nach Deutschland. In den Maiandachten wird besonders der Gottesmutter gedacht und sie um Fürsprache gebeten. Maria ist natürlich die wichtigste Heilige der Kirche.

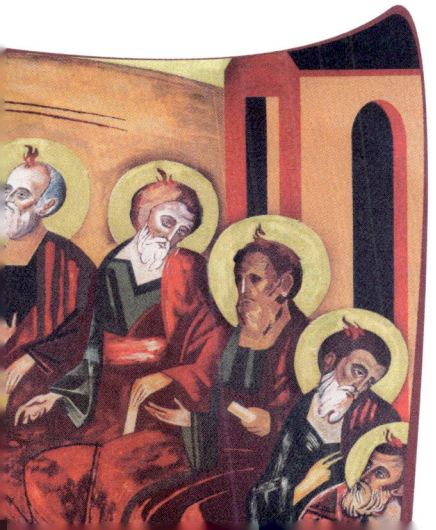

Fronleichnam

Am 2. Donnerstag nach Pfingsten findet dieses Fest statt. Es wird in vielen Gemeinden am darauffolgenden Sonntag gefeiert. Der eigenartige Name meint etwas sehr Lebendiges: den „Leib des Herrn". „Fron" heißt „Herr" und „liknam" „Leib". Es kommt aus der altdeutschen Sprache, und bis heute kann es eine knifflige Frage an Erwachsene sein, was dieses Fest heißt.

Gefeiert wird das Sakrament der Eucharistie, also dass Gott sich uns auch im heiligen Brot zeigt und zu uns kommt. Mit dem heiligen Brot in einer Monstranz wird in einer Prozession durch den Ort gezogen. Es ist ein schönes Zeichen dafür, dass Gott mit seinem Volk unterwegs ist und ihm auf allen Wegen Kraft gibt.